암기비법 APP 서비스 제공

공무원 영어 필수 기출 어휘집

VOCA
EXTREME

MINI BOOK

심우철 지음

 커넥츠 공단기
인터넷 강의 gong.conects.com

0001	perspective	명 ① 관점, 시각 ② 원근법
0002	respect	통 존경하다 명 ① 존경 ② (측)면
0003	inspect	통 조사하다
0004	retrospect	명 회상, 추억 통 회고하다, 회상하다
0005	introspective	형 자기 성찰적인, 내성적인
0006	speculate	통 ① 사색하다, 추측하다 ② 투기하다
0007	specific	형 ① 구체적인, 분명한 ② 특정한
0008	specify	통 명시하다, 구체화하다
0009	despise	통 경멸하다
0010	conspicuous	형 눈에 잘 띄는, 뚜렷한

0011	**supervise**	통 감독하다, 관리하다
0012	**revise**	통 ① 수정하다, 개정하다 ② 복습하다
0013	**devise**	통 고안하다, 궁리하다
0014	**envision**	통 상상하다, 마음속에 그리다
0015	**improvise**	통 즉흥적으로 하다
0016	**invidious**	형 ① 비위[눈]에 거슬리는 ② 불공평한, 몹시 차별하는
0017	**vocation**	명 ① 천직, 소명 ② 직업
0018	**advocate**	통 ① 변호하다, 지지하다 ② 주장하다 명 지지자, 옹호자
0019	**provoke**	통 ① (특정 반응을) 유발하다 ② 화나게 하다
0020	**evoke**	통 불러내다, (기억·감정을) 일깨우다

0021	revoke	통 무효로 하다, 취소하다
0022	invoke	통 ① 기원하다, 호소하다 ② 적용하다 ③ 언급하다
0023	vociferate	통 소리치다, 고함치다
0024	acclaim	통 칭송하다, 환호하다
0025	exclaim	통 소리치다, 외치다
0026	proclaim	통 ① 선언[선포]하다 ② 분명히 보여주다
0027	declaim	통 ① 연설하다, 열변을 토하다 ② 격렬하게 비난하다
0028	disclaim	통 ① 권리를 포기하다 ② 부인하다
0029	reclaim	통 ① 교정하다, 개선하다 ② 개간하다
0030	clamorous	형 떠들썩한, 시끄러운

0031	respire	통 ① 호흡하다 ② 휴식하다
0032	inspire	통 ① (감정·생각을) 불어넣다, 영감을 주다 ② 고무[격려]하다
0033	conspire	통 공모하다, 음모를 꾸미다
0034	perspire	통 땀을 흘리다
0035	expire	통 만료되다
0036	transpire	통 누설되다, 새다, 배출하다
0037	phonate	통 발음하다, 소리를 내다
0038	consonant	형 -와 일치하는 (with) 명 자음
0039	predict	통 예언하다, 예측[예상]하다
0040	addict	통 중독시키다 명 ① 중독자 ② 애호가, 팬

0041	dictate	동 ① 명령[지시]하다 ② 받아쓰게 하다, 구술하다 명 명령, 지시
0042	contradict	동 ① 반박하다, 반대하다 ② 모순되다
0043	indicate	동 ① 나타내다, 암시하다 ② 지시하다, 가리키다
0044	abdicate	동 퇴위하다
0045	dedicate	동 바치다, 전념[헌신]하다
0046	indict	동 기소하다, 고발하다
0047	vindicate	동 ① 정당성[결백]을 입증하다 ② 주장[요구]하다
0048	jurisdiction	명 ① 사법(권) ② 권한
0049	valediction	명 작별, 고별(사)
0050	dictum	명 격언, 금언

0051	**analogy**	몝 ① 유사, 비슷함 ② 유추
0052	**eloquent**	몝 웅변의, 말 잘하는
0053	**colloquial**	몝 구어(체)의, 대화(체)의
0054	**grandiloquent**	몝 과장된, 호언장담하는
0055	**loquacious**	몝 수다스러운, 말이 많은
0056	**eulogy**	몝 찬사, 칭송
0057	**fable**	몝 우화, 전설, 꾸며낸 이야기
0058	**infancy**	몝 ① 유아기, 유년기 ② 초창기
0059	**fascinate**	툉 매혹시키다, 마음을 사로잡다
0060	**affable**	몝 상냥한, 붙임성 있는

0061	confess	图 ① 고백하다, 자백하다 ② 인정하다
0062	profess	图 ① 공언하다, 주장하다 ② 고백하다
0063	oral	휑 구두의, 구강의
0064	oration	펭 연설
0065	inexorable	휑 ① 가차 없는, 냉혹한, 무자비한 ② 멈출[변경할] 수 없는
0066	revenge	图 ① 복수하다 ② 원한을 풀다 펭 ① 복수 ② 원한
0067	avenge	图 복수하다, 원수를 갚다
0068	advent	펭 출현, 도래
0069	intervene	图 ① 간섭[개입]하다, 중재하다 ② 끼어들다, 방해하다
0070	convene	图 ① 소집하다 ② 회합하다

0071	adventitious	휑 우발적인, 우연한
0072	ventilate	동 ① 환기하다 ② 표명하다
0073	contravene	동 위반하다, 위배하다
0074	initial	휑 처음의, 최초의 몡 머리글자[이니셜]
0075	initiative	몡 ① 주도(권), 진취성, 계획 ② 솔선, 선도
0076	reiterate	동 반복하다, 되풀이하다
0077	cogitate	동 곰곰이 생각하다, 숙고하다
0078	invade	동 ① 침입[침략]하다 ② (권리를) 침해하다
0079	evade	동 피하다, 회피하다
0080	pervasive	휑 만연한, 스며드는

0081	accessible	휑 ① 접근[이용] 가능한 ② 접근하기 쉬운
0082	exceed	图 넘다, 초과하다, 능가하다
0083	proceed	图 나아가다, 계속하다, 진행되다
0084	precede	图 -에 선행하다, -보다 먼저 일어나다
0085	predecessor	阅 전임자, 선배
0086	recede	图 ① 후퇴하다, 물러나다 ② 약해지다
0087	recess	阅 ① 휴식 ② 휴회 (기간) 图 휴회를 하다
0088	accede	图 ① 응하다, 동의하다 ② (지위) 오르다
0089	cease	图 그만두다, 멈추다
0090	concede	图 ① 양보하다 ② 인정하다

0091	antecedent	몡 ① 선례 ② 조상 휑 선행된, 이전의
0092	convey	통 ① 나르다, 운반하다 ② 전하다, 전달하다
0093	obvious	휑 명백한, 분명한
0094	deviate	통 벗어나다, 일탈하다
0095	obviate	통 ① 미연에 방지하다 ② 제거하다
0096	patrol	통 순찰하다, 돌아다니다 몡 순찰, 순찰대
0097	pedestrian	몡 보행자 휑 보행의, 도보의
0098	expedite	통 ① 촉진시키다 ② 신속히 처리하다
0099	expedient	몡 방편, 처방 휑 편리한, 편의주의적인
0100	impede	통 방해하다, 지연시키다

0101	gradual	혱 단계적인, 점진적인
0102	aggressive	혱 공격적인
0103	regress	통 퇴보하다, 퇴행하다
0104	digress	통 탈선하다, 주제에서 벗어나다
0105	transgress	통 위반하다, 넘어서다
0106	pronounce	통 ① 발음하다 ② 선언하다
0107	denounce	통 ① 맹렬히 비난하다 ② 고발하다
0108	renounce	통 포기하다
0109	deplore	통 비탄하다, 개탄하다
0110	implore	통 간청하다

0111	**recognize**	图 ① 알아보다 ② 인정하다
0112	**diagnose**	图 진단하다
0113	**noble**	图 ① 고결한, 숭고한 ② 귀족의
0114	**acquaint**	图 ① 알리다, 전하다 ② 숙지시키다
0115	**incognito**	图 익명의 튀 가명으로, 익명으로
0116	**approve**	图 ① 찬성하다 ② 허가하다, 승인하다
0117	**probe**	图 ① 엄밀히 조사하다 ② 규명하다 图 ① 철저한 조사 ② 탐사선
0118	**reprove**	图 꾸짖다, 책망하다
0119	**reprobate**	图 비난하다, 나무라다 图 ① 타락한 사람 ② 난봉꾼
0120	**probation**	图 ① 시험, 견습 기간 ② 집행유예, 보호 관찰, 가석방

0121	notorious	휑 소문난, 악명이 높은
0122	denote	통 ① 조짐을 보이다 ② 의미하다, 나타내다
0123	connote	통 내포하다, 암시하다
0124	signify	통 ① 의미하다, 나타내다 ② 중요하다
0125	assign	통 ① 배정하다, 할당하다 ② 지정하다
0126	resign	통 ① 사임하다, 사직하다 ② 포기하다, 체념하다
0127	designate	통 지정하다, 지명[임명]하다 휑 지명된
0128	testify	통 ① 증언하다 ② 증명하다
0129	attest	통 ① 증언하다 ② 증명하다
0130	protest	통 ① 항의하다, 시위하다 ② 주장하다 명 ① 항의, 시위 ② 주장

0131	discern	图 ① 구별[분별]하다, 구분하다 ② 인식하다
0132	discrete	图 별개의, 분리된
0133	discreet	图 신중한, 분별력 있는
0134	criminate	图 ① -에게 죄를 지우다 ② 고발하다 ③ 비난하다
0135	discriminate	图 ① 구별하다 ② 차별하다
0136	criticize	图 비판하다, 비난하다
0137	excrete	图 배설하다, 분비하다
0138	indoctrinate	图 ① 가르치다 ② 세뇌시키다, 주입하다
0139	docile	图 유순한, 고분고분한
0140	dogmatic	图 ① 독단적인 ② 교리(상)의

0141	require	동 ① 요구하다 ② 필요로 하다
0142	acquire	동 얻다, 획득하다, 습득하다
0143	inquire	동 ① 묻다, 질문하다 ② 조사하다
0144	exquisite	형 ① 매우 훌륭한 ② 정교한, 우아한
0145	separate	형 분리된, 별개의 동 분리하다, 별거하다
0146	seclude	동 격리시키다, 은둔시키다
0147	sever	동 자르다, 끊다
0148	sequester	동 격리하다, 고립시키다
0149	intersect	동 가로지르다, 교차하다
0150	dissect	동 ① 해부[절개]하다 ② 나누다 ③ 분석하다

Day 04

0151	dichotomy	명 양분, 이분법
0152	epitome	명 ① 발췌, 요약 ② 본보기, 전형
0153	partial	형 ① 부분적인, 불완전한 ② 편애하는, 불공평한
0154	particular	형 특정한, 특별한
0155	apportion	동 할당하다, 나누다
0156	fracture	명 골절, 파손 동 골절되다, 파열되다
0157	fragile	형 약한, 부서지기 쉬운
0158	fraction	명 ① 분수, 비율 ② 일부분, 단편
0159	infraction	명 (법규의) 위반
0160	refractory	형 고집 센, 다루기 힘든

0161	**bankrupt**	혱 파산한, 지급 불능의
0162	**corrupt**	혱 부패한, 타락한 동 타락시키다, 부패하게 하다
0163	**erupt**	동 분출하다, 폭발하다
0164	**interrupt**	동 방해하다, 중단하다
0165	**abrupt**	혱 ① 갑작스러운, 돌연한 ② 퉁명스러운
0166	**rupture**	혱 파열, 불화 동 파열시키다, 불화를 일으키다
0167	**disrupt**	동 ① 붕괴시키다, 파괴하다 ② 방해하다, 중단시키다
0168	**recite**	동 ① 암송하다 ② 낭독하다
0169	**incite**	동 ① 자극하다, 격려하다 ② 선동하다, 유발하다
0170	**solicit**	동 간청하다, 요청하다

0171	conduct	통 ① 인도하다, 지휘하다 ② 경영하다, 수행하다 명 ① 수행 ② 실시
0172	deduct	통 공제하다, 빼다, 할인하다
0173	abduct	통 유괴하다, 납치하다
0174	induct	통 ① 안내하다 ② 가르치다 ③ 임명하다, 취임시키다
0175	reduce	통 줄이다, 축소하다
0176	induce	통 ① 유도하다, 설득하다 ② 유발하다, 일으키다 ③ 귀납하다
0177	deduce	통 연역하다, 추론하다
0178	seduce	통 ① 부추기다 ② 유혹하다
0179	educe	통 끌어내다
0180	adduce	통 ① 제시하다 ② 인증하다, 인용하다

0181	conduce	통 ① 이끌다, -에 이르다 ② 공헌하다
0182	edify	통 교화하다, 덕성을 기르다
0183	abstract	형 ① 추상적인 ② 난해한, 심오한 명 요약, 발췌 통 ① 추출하다 ② 요약하다, 발췌하다
0184	extract	통 ① 뽑아내다, 추출하다 ② 발췌하다 명 ① 추출물 ② 발췌
0185	distract	통 (주의를) 딴 데로 돌리다, 산만하게 하다
0186	distraught	형 제정신이 아닌, 마음이 산란해진
0187	contract	통 ① 계약하다 ② 수축하다[시키다] ③ (병에) 걸리다 명 계약, 계약서
0188	detract	통 ① 손상시키다, 떨어뜨리다 ② 딴 데로 돌리다
0189	retract	통 취소하다, 철회하다
0190	protract	통 ① 연장하다, 오래 끌다 ② 내밀다

0191	entreat	통 간청하다, 간절히 원하다
0192	traitor	명 배반자, 반역자
0193	trance	명 ① 무아지경 ② 혼수상태
0194	stimulate	통 ① 자극하다, 활발하게 하다 ② 격려하다, 고무하다
0195	prestige	명 위신, 명성 형 위신 있는, 선망을 얻는
0196	disclose	통 드러내다, 폭로하다
0197	exclude	통 ① 제외[배제]하다 ② 막다, 차단하다 ③ 몰아내다, 내쫓다
0198	preclude	통 못하게 하다, 막다
0199	occlude	통 막다, 차단하다
0200	recluse	형 ① 속세를 떠난, 은둔한 ② 외로운 명 은둔자

0201	collapse	통 붕괴하다, 무너지다 명 붕괴, 실패
0202	elapse	통 경과하다, 지나다
0203	relapse	명 재발 통 재발하다, 되돌아가다
0204	lapse	명 ① 실수, 잘못 ② 경과 통 ① 벗어나다, 실수하다 ② 소멸되다
0205	recollect	통 회상하다, 생각해 내다
0206	allege	통 ① 주장하다, 단언하다 ② 혐의를 제기하다
0207	eclectic	형 ① 절충적인 ② 다방면의
0208	eligible	형 적임의, 적격의
0209	congregate	통 모이다, 모으다
0210	aggregate	통 ① 합계가 -이 되다 ② 모이다, 모으다 명 합계, 총액, 집합체 형 합계의, 총합의

0211	segregate	图 ① 분리하다, 격리하다 ② 인종차별하다
0212	gregarious	圈 ① 집단의 ② 사교적인
0213	adjoin	图 인접하다, 붙어 있다, 이웃하다
0214	disjoin	图 분리하다
0215	conjugal	圈 부부(간)의, 혼인(상)의
0216	conjunction	圐 ① 결합, 합동 ② 접속사
0217	desert	圐 사막, 황야 图 ① 버리다 ② 떠나다
0218	insert	图 끼워 넣다
0219	exert	图 ① 발휘하다, 행사하다 ② (- oneself) 노력하다
0220	assert	图 주장하다, 단언하다

0221	intercept	통 ① 가로채다 ② 차단하다
0222	deceptive	형 기만적인, 현혹하는
0223	conceive	통 ① 마음에 품다, 상상하다 ② 임신하다
0224	susceptible	형 ① 영향 받기 쉬운, 민감한 ② (병에) 걸리기 쉬운
0225	precept	명 교훈, 격언
0226	emancipate	통 해방시키다
0227	participate	통 참가하다, 참여하다 (in)
0228	disciplinary	형 징계의, 훈계의
0229	disciple	명 제자, 신봉자
0230	precipitate	통 촉발시키다

0231	incipient	휑 초기의, 시초의
0232	capacious	휑 널찍한, 큼직한
0233	obtain	통 얻다, 획득하다
0234	maintain	통 ① 유지[지속]하다 ② 주장하다
0235	abstain	통 삼가다, 자제하다 (from)
0236	detain	통 구금하다, 붙들다
0237	retain	통 유지하다, 보유하다
0238	contain	통 ① 포함하다, 함유하다 ② 억제하다, 억누르다
0239	tenable	휑 ① 옹호될 수 있는, 쉽게 방어될 수 있는 ② 유지되는
0240	pertinent	휑 적절한, 관련 있는

0241	tenacious	혱 고집하는, 끈질긴
0242	pertinacious	혱 끈질긴, 완강한
0243	countenance	통 동의하다, 지지하다 몡 표정, 용모
0244	continence	몡 (감정·성욕 등의) 절제, 금욕
0245	apprehend	통 ① 체포하다 ② 파악하다 ③ 걱정하다
0246	reprehend	통 꾸짖다, 비난하다
0247	reprisal	몡 보복, 앙갚음
0248	prohibit	통 금지하다, 막다
0249	exhibit	통 ① 전시하다, 진열하다 ② 나타내다, 드러내다 몡 전시품
0250	rehabilitate	통 ① 사회에 복귀시키다 ② 회복시키다, 복원하다

Day 06

0251	active	형 활동적인, 적극적인
0252	activate	동 작동시키다, 활성화시키다
0253	actual	형 실제의, 사실상의
0254	agony	명 극심한 고통
0255	agitate	동 ① 심하게 흔들다 ② (사람을) 선동하다, 교란하다
0256	agile	형 날렵한, 민첩한
0257	gratify	동 만족시키다
0258	ingratiate	동 비위를 맞추다
0259	disgrace	명 불명예
0260	gratuitous	형 ① 공짜의 ② 불필요한, 쓸데없는

0261	placate	통 달래다, 위로하다
0262	implacable	형 무자비한, 달랠 수 없는
0263	placid	형 차분한, 잔잔한
0264	complacent	형 자기만족적인, 현실에 안주하는
0265	complaisant	형 남의 뜻에 잘 따르는, 순종적인
0266	enamor	통 마음을 사로잡다
0267	amiable	형 붙임성 있는, 호감을 주는, 상냥한
0268	amicable	형 우호적인, 원만한
0269	amorous	형 호색적인
0270	culpable	형 과실이 있는, 비난받을 만한

0271	culprit	명 ① 범인 ② 장본인
0272	exculpate	통 무죄를 입증[선언]하다, 죄를 면하게 하다
0273	condole	통 ① 조문하다 ② (죽음을) 위안[위로]하다
0274	doleful	형 서글픈, 음울한
0275	dolor	명 슬픔
0276	indolent	형 게으른, 나태한
0277	upright	형 똑바로 선, 직립의 명 수직, 직립
0278	erect	형 똑바로 선 통 세우다, 건립하다
0279	rectify	통 바로잡다, 교정하다
0280	rectitude	명 정직, 강직

0281	**symbiosis**	똉 공생
0282	**synthetic**	톙 ① 합성한, 인조의 ② 종합적인 똉 인조 물질[직물]
0283	**proper**	톙 적절한, 적당한
0284	**appropriate**	톙 적합한, 어울리는 통 ① (물건·자금을) 충당하다, 사용하다 ② (예산을) 측정하다
0285	**expropriate**	통 ① 도용하다, 훔치다 ② 몰수하다, 징발하다
0286	**sensible**	톙 ① 현명한, 지적인 ② 이성적인, 분별 있는
0287	**resent**	통 분개하다, 불쾌하게 여기다
0288	**assent**	통 동의하다 똉 승인
0289	**dissent**	통 반대하다 똉 반대
0290	**consensus**	똉 의견 일치, 합의

0291	literate	형 글을 읽고 쓸 줄 아는
0292	obliterate	동 삭제하다, 없애다
0293	prescribe	동 ① 처방하다 ② 규정하다
0294	ascribe	동 -의 탓으로 돌리다
0295	inscribe	동 ① 쓰다, 새기다 ② 명심하다
0296	subscribe	동 ① 가입하다, 정기구독하다 ② 기부하다 ③ 서명하다, 동의하다
0297	proscribe	동 금지하다
0298	transcribe	동 ① 베끼다, 복사하다 ② 기록하다
0299	conscript	동 징집하다, 징병하다 명 징집병
0300	scribble	동 ① 갈겨쓰다 ② 낙서하다 명 ① 휘갈겨 쓴 글씨 ② 낙서

0301	consolidate	통 ① 강화하다 ② 합병하다, 통합하다
0302	desolate	형 적막한, 고독한, 황량한
0303	solidify	통 굳어지다, 확고히 하다
0304	domesticate	통 길들이다, 재배하다
0305	domicile	명 주소, 거주지 통 주소를 정하다
0306	predominant	형 ① 우세한 ② 뚜렷한
0307	indomitable	형 굴하지 않는, 불굴의
0308	preserve	통 지키다, 보호하다, 보존하다
0309	conserve	통 보호하다, 보존하다
0310	reserve	통 ① 예약하다 ② 비축하다, 따로 남겨두다 ③ (권리를) 갖다 ④ 유보하다, 보류하다 형 ① 예비, 비축 ② 보호 구역

0311	**privilege**	圐 특권, 특전 통 -에게 특권을 주다
0312	**loyal**	휑 충성스러운
0313	**delegate**	통 위임하다 圐 대표, 대리인
0314	**justify**	통 정당화하다
0315	**judicial**	휑 사법의
0316	**judicious**	휑 현명한, 분별력이 있는
0317	**abjure**	통 포기하다
0318	**adjure**	통 ① 명하다 ② 간청하다
0319	**adjudge**	통 판단을 내리다, 판결하다
0320	**perjure**	통 위증시키다

0321	ascertain	통 확인하다
0322	certify	통 증명하다
0323	diverse	형 다양한, 다른
0324	diverge	통 나뉘다, 갈라지다
0325	converge	통 ① 수렴되다 ② 모여들다
0326	converse	형 정반대의 통 대화하다
0327	adverse	형 ① 반대의 ② 불리한
0328	reverse	통 ① 뒤집다, 거꾸로 하다 ② 후진하다 형 반대의, 역의 명 반대
0329	convert	통 개조하다, 바꾸다
0330	revert	통 되돌아가다, 복귀하다

0331	avert	图 피하다
0332	advert	图 ① 주의를 돌리다 ② 언급하다
0333	divert	图 ① 딴 곳으로 돌리다 ② 기분 전환하다
0334	invert	图 앞뒤를 바꾸다, 뒤집다
0335	pervert	图 왜곡하다 圐 변태 성욕자
0336	introvert	圀 내성적인 圐 내성적인 사람
0337	extrovert	圀 외향적인 圐 외향적인 사람
0338	controversy	圐 논쟁
0339	traverse	图 통과하다, 횡단하다
0340	versatile	圀 ① 다재다능한 ② 다용도의

0341	alter	图 변하다, 바꾸다
0342	alien	圈 ① 이질적인 ② 외국의 ③ 외계의 圐 ① 외국인 ② 외계인
0343	alienate	图 소원하게 만들다
0344	alternative	圐 대안, 대체 圈 대안적인, 대체 가능한
0345	altercation	圐 언쟁
0346	altruism	圐 이타주의, 이타심
0347	alias	圐 별명, 가명
0348	mutual	圈 ① 서로의, 상호 간의 ② 공동의, 공통의
0349	commute	图 통근하다 圐 통근 (거리)
0350	mutate	图 변형되다, 돌연변이가 되다

0351	dismiss	통 ① 해고하다 ② 해산시키다 ③ 묵살하다
0352	commit	통 ① 범하다, 저지르다 ② 전념하다 ③ 맡기다, 위임하다 ④ 약속하다
0353	submit	통 ① 제출하다 ② 복종하다, 굴복하다
0354	transmit	통 ① 전송하다 ② 전염시키다 ③ (열 등을) 전도하다
0355	emit	통 내뿜다, 방출하다
0356	intermittent	형 간헐적인, 간간이 일어나는
0357	remit	통 ① 송금하다 ② 면제해 주다
0358	remiss	형 ① 태만한 ② 부주의한
0359	increase	통 증가하다, 증가시키다 명 증가
0360	concrete	형 ① 구체적인 ② 콘크리트로 된 명 콘크리트

0361	factual	휑 사실적인
0362	proficient	휑 능숙한, 숙련된
0363	infect	동 ① 감염[전염]시키다 ② 오염시키다
0364	facilitate	동 ① 쉽게 하다 ② 촉진시키다
0365	faculty	명 ① 능력 ② 학부 ③ 교수단
0366	current	휑 현재의 명 ① 흐름 ② 경향
0367	concur	동 ① 동시에 일어나다 ② 동의하다
0368	incur	동 초래하다
0369	recur	동 ① 반복되다 ② 되돌아가다
0370	accurate	휑 정확한

0371	**precursor**	몡 ① 선구자 ② 전조
0372	**cursory**	몡 ① 서두르는 ② 피상적인 ③ 엉성한
0373	**promote**	툥 ① 촉진하다, 장려하다 ② 승진시키다 ③ 홍보하다
0374	**demotion**	몡 좌천, 강등
0375	**remote**	몡 ① 먼, 멀리 떨어진, 외딴 ② (가능성이) 희박한 ③ 원격 조정의
0376	**commotion**	몡 소동
0377	**unilateral**	몡 일방적인, 단독의
0378	**collateral**	몡 ① 부수적인, 부차적인 ② 담보로 내놓은 몡 담보물
0379	**bilateral**	몡 쌍방의, 쌍무적인
0380	**multilateral**	몡 ① 다각적인 ② 다자간의

0381	project	명 계획 통 ① 계획하다 ② 투영하다
0382	objective	명 목표 형 객관적인
0383	subject	형 ① 지배를 받는 　　② -에 영향을 받기 쉬운 통 복종시키다 명 ① 과목 ② 주제 ③ 백성 　　④ 피실험자
0384	adjacent	형 인접한, 가까운
0385	eject	통 ① 쫓아내다 ② 탈출하다
0386	dejected	형 낙담한
0387	abject	형 절망적인, 비참한
0388	conjecture	통 추측하다 명 추측, 짐작, 억측
0389	forecast	통 예상[예측]하다, 예보하다 명 예상[예측], 예보
0390	overcast	형 흐린, 음침한 통 흐리게 하다

0391	prefer	통 선호하다, 더 좋아하다
0392	confer	통 ① 상의하다, 협의하다 ② 수여하다
0393	infer	통 ① 추론[추측]하다 ② 암시하다
0394	defer	통 ① 미루다, 연기하다 ② 경의를 표하다
0395	fertile	형 ① 비옥한, 기름진 ② 많이 낳는, 생식력 있는 ③ 풍부한
0396	digest	통 ① 소화하다 ② 이해하다 명 요약(문)
0397	register	통 등록하다, 기록하다 명 등록부, 기록부
0398	suggest	통 ① 제안하다 ② 암시하다
0399	congestion	명 ① 혼잡 ② 인구과잉, 밀집
0400	ingest	통 삼키다, 섭취하다

0401	import	통 수입하다 명 수입
0402	export	통 수출하다 명 수출
0403	transport	통 운송하다, 수송하다 명 운송(업), 수송
0404	portable	형 휴대용의, 가지고 다닐 수 있는
0405	deport	통 추방하다, 이송하다
0406	rotate	통 ① 회전하다 ② 교대하다, 순환 근무하다
0407	enroll	통 명부에 올리다, 등록하다
0408	fluent	형 유창한, 능변의
0409	affluent	형 ① 풍부한 ② 부유한
0410	fluctuate	통 ① 오르내리다 ② 변화하다

0411	**influx**	똉 유입, 밀어닥침
0412	**evolve**	동 진화하다[시키다], 발전하다[시키다]
0413	**involve**	동 ① 포함하다, 수반하다 ② 관련시키다
0414	**revolve**	동 회전하다, 돌다
0415	**revolt**	동 반란을 일으키다, 반항하다 똉 반역, 반항
0416	**prime**	형 ① 주요한, 주된 ② 최고의 똉 ① 전성기 ② 초기
0417	**primary**	형 ① 주요한 ② 최초의, 초기의
0418	**primitive**	형 ① 원시의, 원시 시대의 ② 원시적인, 야만의
0419	**principal**	형 주요한, 주된, 제일의 똉 우두머리, 교장
0420	**priority**	똉 우선 사항, 우선(권)

0421	possess	통 ① 소유하다, 가지다 ② -의 마음을 사로잡다
0422	dispose	통 ① 배치하다 ② 처리[처분]하다 (of) ③ 경향을 갖게 하다
0423	compose	통 ① 구성하다 ② 작곡하다, 작문하다
0424	expose	통 ① 노출시키다, 드러내다 ② 폭로하다
0425	impose	통 ① 부과하다 ② 강요하다
0426	compound	통 ① 혼합하다, 합성하다 ② 악화시키다 명 ① 혼합물 ② 합성어 형 혼합의, 합성의
0427	circumscribe	통 ① 경계를 정하다, -의 둘레에 선을 긋다 ② 제한하다
0428	circumspect	형 조심성 있는, 신중한
0429	circumvent	통 둘러 가다, 피하다
0430	circumlocution	명 완곡어법

0431	coordinate	통 ① 조정하다 ② 조화시키다 ③ 조직화하다 형 동등한
0432	subordinate	형 종속된, 부수적인 명 부하 통 경시하다
0433	general	형 일반적인, 보편적인 명 장군, 대장
0434	generate	통 ① 발생시키다 ② 낳다, 생산하다
0435	genetic	형 유전의, 유전학의
0436	generous	형 ① 관대한, 너그러운 ② 풍부한
0437	genesis	명 발생, 기원
0438	engender	통 ① 야기하다, 불러일으키다 ② 낳다
0439	genuine	형 ① 진짜의, 진품의 ② 진실한, 성실한
0440	ingenious	형 기발한, 독창적인

0441	ingenuous	형 순진한, 솔직한
0442	indigenous	형 ① 토착의 ② 타고난
0443	genial	형 상냥한, 다정한
0444	congenial	형 ① 마음이 맞는, 마음에 드는 ② (-에) 알맞은
0445	congenital	형 선천적인, 타고난
0446	progeny	명 자손, 아이들
0447	originate	통 시작되다, 비롯하다
0448	aboriginal	형 토착의, 원주민의
0449	orient	명 (the Orient) 동양 통 ① 지향하게 하다 ② 적응시키다, 지도하다
0450	abortion	명 ① 유산, 낙태 ② 실패

0451	novel	형 참신한, 새로운 명 소설
0452	innovate	통 혁신하다
0453	renovate	통 개조하다, 보수하다
0454	renew	통 ① 재개하다 ② 갱신하다
0455	final	형 ① 마지막의, 최종적인 ② 결정적인 명 결승전
0456	confine	통 ① 제한하다, 한정하다 ② 가두다, 감금하다
0457	infinite	형 무한한, 한계가 없는
0458	definite	형 ① 확실한, 확고한 ② 분명한, 뚜렷한
0459	refine	통 ① 정제하다, 불순물을 제거하다 ② 세련되게 하다, 다듬다
0460	affinity	명 ① 친밀감 ② 관련성

0461	term	몡 ① 용어 ② 관점, 측면 ③ 학기 ④ 기간
0462	determine	통 결정하다, 결심하다
0463	terminal	휑 말기의, 불치의 몡 종착역, 종점
0464	terminate	통 끝내다, 종료하다
0465	exterminate	통 몰살시키다, 전멸시키다
0466	eliminate	통 없애다, 제거하다
0467	preliminary	휑 예비[준비]의 몡 ① 준비 행동 ② 예선전, 예비 시험
0468	subliminal	휑 잠재의식의
0469	durable	휑 내구성이 있는, 오래가는, 튼튼한
0470	obdurate	휑 고집 센, 완고한

0471	carnal	휑 ① 육체의 ② 세속적인 ③ 육욕적인, 성욕의
0472	incarnate	휑 (보통 명사 뒤에 쓰여) 인간의 모습을 한 동 구현하다
0473	corporate	휑 ① 기업의, 법인의 ② 공동의
0474	incorporate	동 ① 합병하다 ② 법인으로 만들다
0475	corporal	휑 육체의, 몸의 뎽 상병
0476	corpulent	휑 살찐, 뚱뚱한
0477	vital	휑 ① 생명의 ② 필수적인, 중요한 ③ 활기찬
0478	revive	동 ① 회복하다[시키다], 소생하다[시키다] ② 부활시키다
0479	revitalize	동 새로운 활력을 주다, 재활성화시키다
0480	devitalize	동 -에서 활력[생명]을 빼앗다

0481	annual	형 해마다의, 연간의
0482	biennial	형 격년의, 2년마다의
0483	perennial	형 연중 끊이지 않는, 영원한 명 다년생 식물
0484	reminiscent	형 ① 연상시키는, 생각나게 하는 ② 추억의, 옛날을 회상하는
0485	admonish	동 꾸짖다, 충고하다
0486	hostile	형 적대적인, 싫어하는
0487	hospitality	명 환대, 후한 대접
0488	voluntary	형 자발적인, 자원봉사의
0489	malevolent	형 악의 있는, 사악한
0490	benevolent	형 인정 많은, 자비로운

0491	intricate	휑 복잡한, 뒤얽힌
0492	intrigue	통 ① 음모를 꾸미다 ② 흥미를 불러일으키다 휑 음모
0493	extricate	통 ① 탈출시키다, 해방시키다 ② 구별하다
0494	inextricable	휑 ① 탈출[해결]할 수 없는 ② 불가분한
0495	precious	휑 귀중한, 소중한
0496	appreciate	통 ① 감사하다 ② 감상하다 ③ 이해하다
0497	depreciate	통 가치가 떨어지다, 가치를 떨어뜨리다
0498	appraise	통 평가하다, 감정하다
0499	tempt	통 ① 유혹하다 ② 유도하다, 설득하다
0500	contempt	휑 ① 경멸, 멸시 ② 무시

Day 11

0501	imperil	통 위험에 빠뜨리다, 위태롭게 하다
0502	empirical	형 경험적인, 경험의
0503	available	형 이용할 수 있는, 구할 수 있는
0504	valid	형 ① 유효한, 효과가 있는 ② 정당한, 타당한
0505	prevail	통 ① 만연하다 ② 우세하다, 이기다
0506	valor	명 용기, 용맹
0507	convict	통 유죄를 선고하다 명 죄인, 죄수
0508	convince	통 납득시키다, 확신시키다
0509	invincible	형 천하무적의
0510	evict	통 쫓아내다, 퇴거시키다

0511	pardon	통 용서하다 명 용서, 사면
0512	condone	통 용납하다, 용서하다
0513	dose	명 복용량, 투여량
0514	anecdote	명 일화, 비화
0515	attribute	통 -의 탓으로 돌리다 명 특성, 자질
0516	contribute	통 ① 기부하다 ② 공헌[기여]하다 (to)
0517	distribute	통 분배하다, 나누어 주다
0518	retribution	명 ① 보복, 응징 ② 천벌
0519	sanitary	형 위생의, 위생적인
0520	insane	형 미친, 제정신이 아닌

0521	compensate	통 ① 보상하다, 배상하다 ② 보충하다
0522	suspend	통 ① 매달다 ② 연기하다 ③ 일시 중지하다
0523	ponder	통 숙고하다, 곰곰이 생각하다
0524	dispense	통 ① 나누어 주다 ② 조제하다
0525	impending	형 임박한, 곧 일어날
0526	perpendicular	형 수직의, 직립한
0527	compendium	명 개요서, 요약
0528	propensity	명 경향, 성향
0529	immune	형 ① 면역의, 면역성이 있는 ② -이 면제된
0530	municipal	형 시의, 자치의

0531	fortify	통 ① 강화하다 ② 요새화하다
0532	forte	명 강점, 장점, 특기
0533	reinforce	통 강화하다, 보강하다
0534	enforce	통 ① 시행[집행]하다, 실시하다 ② 강요하다
0535	fortitude	명 불굴의 용기, 꿋꿋함, 강인함
0536	grave	형 ① 무거운 ② 심각한 명 무덤
0537	grieve	통 슬퍼하다, 애도하다
0538	aggravate	통 악화시키다
0539	engrave	통 새기다, 조각하다
0540	aggrieve	통 ~에게 고통을 주다, 괴롭히다

0541	major	휑 ① 주요한, 중대한 ② 전공의 명 전공 통 전공하다 (in)
0542	majestic	휑 위엄 있는, 장엄한
0543	maximum	명 최고, 최대 휑 최대의, 최고의
0544	magnitude	명 ① (엄청난) 규모, 중요도 ② (별의) 광도 ③ (지진의) 진도
0545	magnify	통 ① 확대하다 ② 과장하다
0546	magnanimous	휑 관대한, 너그러운
0547	extend	통 확장[연장]하다, 늘리다
0548	intend	통 ① -할 작정이다, 의도하다 ② 의미하다
0549	pretend	통 -인 체하다, 가장하다
0550	intense	휑 ① 강렬한, 극심한 ② 열정적인, 진지한

Day 12

0551	strict	휑 ① 엄격한, 엄한 ② 정확한, 엄밀한
0552	distress	휑 고통, 괴로움 屠 괴롭히다
0553	strain	屠 ① 잡아당기다 ② 긴장시키다 ③ (근육을) 혹사시키다, 상하게 하다 휑 긴장, 과로
0554	restrain	屠 ① 제지하다, 못하게 하다 ② 억누르다, 억제하다
0555	constrain	屠 ① 제한하다, 억누르다 ② 강요하다
0556	restrict	屠 제한하다, 금지하다
0557	constrict	屠 ① 압축하다, 수축하다[시키다] ② 제약[제한]하다, 위축시키다
0558	temper	휑 ① 성질, 기질 ② 기분 屠 완화시키다, 누그러뜨리다
0559	temperament	휑 ① 성질, 기질 ② 신경질적임
0560	temperate	휑 ① 절제된, 차분한 ② 온화한

0561	insolvent	혱 지불 불능한, 파산(자)의 몡 파산자
0562	resolve	동 ① 해결하다 ② 결심하다 몡 결심, 의지
0563	dissolve	동 ① 녹다 ② 끝내다, 해산시키다
0564	soluble	혱 녹는, 가용성의
0565	abnormal	혱 비정상적인, 이상한
0566	enormous	혱 거대한, 막대한, 엄청난
0567	align	동 ① 일직선으로 하다, 정렬시키다 ② 조정하다 ③ -와 연합하다
0568	delineate	동 ① 기술하다, 묘사하다 ② 그리다
0569	emerge	동 나타나다, 나오다
0570	merge	동 ① 합병하다, 합치다 ② 어우러지다, 융합되다

0571	**complicate**	통 복잡하게 만들다
0572	**complement**	통 보완하다, 보충하다 명 보충(물)
0573	**compliment**	통 칭찬하다 명 칭찬
0574	**implement**	통 이행하다, 시행하다 명 ① 도구, 기구 ② 수단
0575	**imply**	통 내포하다, 암시하다
0576	**implicate**	통 ① 관련시키다 ② 내포[의미]하다
0577	**explicate**	통 설명하다, 명백하게 하다
0578	**implicit**	형 ① 함축적인, 암시적인 ② 절대적인
0579	**explicit**	형 ① 솔직한 ② 분명한, 명백한 ③ 노골적인
0580	**exploit**	통 ① 개발하다 ② 이용[활용]하다 ③ 착취하다 명 위업, 공적

0581	duplicate	통 복사하다, 복제하다 형 복사의, 복제의 명 복사본, 복제품
0582	deplete	통 ① 고갈시키다 ② 대폭 감소시키다
0583	replete	형 ① 가득한, 풍부한 ② 포식을 한
0584	replenish	통 다시 채우다, 새로 보충하다
0585	replica	명 사본, 복제
0586	deploy	통 배치하다
0587	diffuse	형 ① 널리 퍼진 ② 산만한, 장황한 통 ① 퍼뜨리다, 분산[확산]시키다 ② 퍼지다
0588	suffuse	통 (액체·빛·색) 뒤덮다, 가득 차게 하다
0589	futile	형 헛된, 소용없는
0590	transfusion	명 ① 수혈 ② 투입

0591	infuse	图 주입하다, 불어넣다
0592	effuse	图 유출하다, 발산하다
0593	profuse	图 ① 낭비하는, 사치스러운 ② 풍부한, 많은
0594	mean	图 ① 중간의, 보통의 ② 심술궂은, 비열한 ③ 열등한 图 의미하다, 의도하다
0595	immediate	图 즉각적인, 당면한
0596	mediate	图 중재하다, 조정하다
0597	meditate	图 ① 명상하다, 숙고하다 ② 계획하다
0598	meddle	图 간섭하다, 참견하다
0599	mediocre	图 보통의, 평범한, 그저 그런
0600	remedy	图 ① 치료(약) ② 해결책 图 ① 치료하다 ② 바로잡다, 개선하다

0601	punish	图 벌주다, 처벌하다
0602	repent	图 후회하다
0603	penitent	혱 ① 후회하는 ② 뉘우치는, 참회하는 몡 참회
0604	surpass	图 능가하다, 뛰어넘다
0605	compassion	몡 연민, 동정
0606	pathetic	혱 ① 불쌍한, 애처로운 ② 한심한
0607	compatible	혱 양립하는, 화합할 수 있는
0608	apathy	몡 무관심
0609	infallible	혱 틀림이 없는, 확실한
0610	falsify	图 ① 속이다, 위조하다 ② 잘못임을 입증하다

0611	torment	명 ① 고문 ② 고통, 고뇌 동 ① 고문하다 ② 괴롭히다
0612	distort	동 왜곡하다, 비틀다
0613	contort	동 왜곡하다, 비틀다
0614	pugnacious	형 호전적인, 공격적인
0615	repugnant	형 불쾌한, 혐오스러운
0616	impugn	동 ① 비난하다 ② 반박하다, 의문을 제기하다
0617	oppugn	동 ① 비난하다 ② 반박하다 ③ -에 항쟁하다
0618	anxious	형 ① 걱정하는 ② 열망하는, 갈망하는
0619	anguish	명 극심한 고통, 고뇌 동 괴롭히다, 괴로워하다
0620	strangle	동 ① 교살하다 ② 억제하다, 억누르다

0621	**negative**	휑 ① 부정적인 ② 반대의 ③ (의학) 음성의 뗑 부정
0622	**negate**	뙝 ① 무효화하다 ② 부인하다, 부정하다
0623	**negotiate**	뙝 협상하다, 교섭하다
0624	**neutralize**	뙝 ① 무효화시키다 ② 중립국으로 만들다
0625	**disturb**	뙝 방해하다, 어지럽히다
0626	**perturb**	뙝 혼란시키다, 당황하게 하다
0627	**turbulent**	휑 ① 휘몰아치는, 격동의 ② 사나운
0628	**turbid**	휑 탁한, 흐린
0629	**mortify**	뙝 ① 굴욕감을 주다, 몹시 당황하게 만들다 ② (정욕 등을) 억제하다
0630	**remorse**	뗑 양심의 가책, 후회

0631	nocuous	형 유해한, 유독한
0632	innocuous	형 해가 없는, 독이 없는, 악의가 없는
0633	noxious	형 유독한, 유해한
0634	innoxious	형 독이 없는, 해가 없는
0635	obnoxious	형 아주 불쾌한, 몹시 기분 나쁜
0636	pernicious	형 치명적인, 유해한
0637	innocent	형 무죄인, 악의 없는, 순진한
0638	nullify	동 무효화하다, 취소하다
0639	annul	동 무효로 하다, 취소하다
0640	annihilate	동 ① 전멸시키다 ② 완파하다

0641	acid	형 신맛의, 산(성)의 명 산, 신 것
0642	acute	형 ① 뾰족한, 날카로운 ② 격렬한
0643	acuminate	형 뾰족한, 날카로운 동 ① 뾰족하게 하다 ② 예민하게 하다
0644	acumen	명 예리함, 감각
0645	acrid	형 ① 톡 쏘는, 매운 ② 신랄한, 격렬한
0646	acrimony	명 ① 악감정, 악다구니 ② (언어·표현) 신랄함, 독살스러움
0647	modify	동 바꾸다, 수정하다
0648	moderate	형 ① 적당한 ② 중간의, 평균의 ③ 절제하는 동 완화시키다
0649	modest	형 ① 겸손한 ② 보통의, 적당한 ③ 수수한
0650	accommodate	동 ① 숙박시키다, 수용하다 ② -에게 편의를 제공하다 ③ 적응시키다, -에 맞추다

Day 14

0651	confront	통 ① 직면하다, 마주치다 ② 맞서다, 대항하다
0652	affront	통 모욕하다, 상처를 주다 명 모욕, 상처
0653	effrontery	명 뻔뻔스러움
0654	immense	형 거대한, 엄청난
0655	commensurate	형 상응하는, 어울리는
0656	similar	형 유사한, 비슷한
0657	assemble	통 ① 모으다, 모이다 ② 조립하다
0658	simulate	통 가장하다, 흉내 내다
0659	assimilate	통 ① 동화시키다 ② 소화하다, 이해하다 ③ 흡수하다
0660	simultaneous	형 동시의, 동시에 일어나는

0661	nominate	통 지명하다, 임명하다
0662	anonymous	형 ① 익명의, 작자 불명의 ② 특색 없는
0663	ignominious	형 수치스러운, 치욕적인
0664	nominal	형 ① 명목상의, 이름뿐인 ② 근소한
0665	pseudonym	형 필명, 가명
0666	acronym	명 두문자어, 약어
0667	verify	통 ① 입증하다, 증명하다 ② 확인하다
0668	verdict	명 평결, 판결
0669	veracious	형 ① 정직한 ② 진실한, 정확한
0670	aver	통 단언하다, 확언하다

0671	esteem	통 존경하다, 존중하다 명 존경, 존중
0672	overestimate	통 과대평가하다
0673	native	형 ① 출생지의 ② 타고난 명 원주민, 현지인
0674	innate	형 ① 타고난, 선천적인 ② 고유의
0675	naive	형 순진한, 소박한
0676	escalate	통 상승하다, 확대하다
0677	ascend	통 올라가다, 오르다
0678	descend	통 ① 내려가다 ② (-의) 자손이다 ③ 전해지다
0679	transcend	통 초월하다
0680	condescend	통 거들먹거리다, 잘난 체하다

0681	**assault**	명 ① 공격, 폭행 ② 맹비난 동 ① 공격하다, 폭행하다 　② 괴롭히다
0682	**assail**	동 ① 맹렬히 공격하다 ② 맞서다
0683	**exult**	동 크게 기뻐하다, 의기양양하다
0684	**desultory**	형 종잡을 수 없는, 두서없는
0685	**sultry**	형 무더운, 후덥지근한
0686	**confide**	동 ① 신임하다, 신뢰하다 　② (비밀을) 털어놓다
0687	**defy**	동 ① 반항[도전]하다 ② 무시하다
0688	**fidelity**	명 충실, 충성
0689	**fealty**	명 충성 서약
0690	**diffident**	형 소심한, 자신이 없는

0691	**credible**	휑 믿을 수 있는, 믿을 만한
0692	**discredit**	동 의심하다 명 ① 불신 ② 불명예
0693	**accredit**	동 ① -가 한 것으로 믿다 ② 파견하다, 승인하다
0694	**potent**	휑 강력한, 효능 있는
0695	**potential**	휑 잠재적인, 가능성 있는 명 잠재력, 가능성
0696	**omnipotent**	휑 전능한, 무엇이든지 할 수 있는
0697	**despot**	명 독재자, 폭군
0698	**malnutrition**	명 영양실조, 영양 부족
0699	**nourish**	동 영양분을 공급하다
0700	**nurture**	명 양육 동 기르다

Day 15

0701	elevate	통 높이다, 들어 올리다
0702	relieve	통 ① 경감하다, 덜다 ② 구원하다, 구조하다
0703	alleviate	통 완화하다, 덜다
0704	relevant	형 적절한, 관련된
0705	levity	명 ① 경솔 ② 변덕
0706	prompt	형 ① 즉각적인, 신속한 ② 시간을 엄수하는 통 ① 자극하다 ② 격려하다
0707	impromptu	형 즉석의, 즉흥의
0708	preempt	통 선취하다, 선매하다
0709	exempt	통 (의무·책임을) 면제하다 형 면제되는
0710	peremptory	형 ① 절대적인, 독단적인 ② 단호한

0711	**abound**	图 (물건·생물이) 풍부하다, 충분하다, 많이 있다
0712	**inundate**	图 ① 범람시키다 ② 넘치게 하다
0713	**undulate**	图 ① 기복을 이루다 ② 물결치다, 굽이치다
0714	**redundant**	혱 ① 과잉의, 불필요한 ② 장황한
0715	**patronize**	图 ① 가르치려 들다 ② 애용하다 ③ 후원하다
0716	**patriarchal**	혱 가부장적인, 가부장제의
0717	**expatriate**	图 고국을 떠나다, 추방하다 혱 국외 거주자의 몡 국외 거주자
0718	**compatriot**	몡 동포
0719	**diminish**	图 감소하다, 줄이다
0720	**prominent**	혱 ① 눈에 띄는, 두드러진 ② 유명한

0721	eminent	휑 저명한, 탁월한
0722	imminent	휑 긴박한, 임박한
0723	compel	동 강요[강제]하다, 억지로 -하게 하다
0724	expel	동 추방하다, 쫓아내다
0725	dispel	동 쫓아내다, 없애다
0726	repel	동 물리치다, 쫓아내다
0727	impel	동 ① 강요하다, 억지로 -시키다 ② 밀고 나아가다, 추진시키다
0728	impulse	휑 ① 충동, 자극 ② 추진(력)
0729	repulse	동 ① 쫓아내다 ② 혐오감을 주다 ③ 거절하다
0730	repellent	휑 ① 역겨운, 혐오감을 주는 ②(특히 물이) 스며들지 않게 하는 휑 방충제, 방수제

0731	intrude	통 ① 침입하다 ② 간섭[개입]하다 ③ 강요하다
0732	obtrude	통 ① 참견하다, 끼어들다 ② 강요하다, 억지 쓰다
0733	extrude	통 밀어내다, 추방하다, 분출하다
0734	protrude	통 튀어나오다, 내밀다
0735	abstruse	형 난해한, 심오한
0736	suppress	통 ① 참다, 억누르다 ② 진압하다
0737	repress	통 ① 참다, 억누르다 ② 탄압하다
0738	abbreviate	통 ① 요약[축약]하다 ② 생략하다
0739	abridge	통 ① 요약[축약]하다 ② 단축하다
0740	brevity	명 간결함, 순간

0741	reflect	통 ① 반사하다, 비치다 ② 심사숙고하다 ③ 반영하다
0742	flexible	형 ① 탄력적인, 융통성 있는 ② 유연한, 구부리기 쉬운
0743	deflect	통 ① 빗나가다, 방향을 바꾸다 ② 피하다
0744	manual	형 ① 손의 ② 수동의 명 소책자, 설명서
0745	mandatory	형 ① 명령의 ② 강제적인, 의무적인
0746	manipulate	통 ① 잘 다루다 ② 조작[조종]하다, 속이다
0747	manifest	통 ① 명백히 하다, 나타내다 ② 증명하다 형 분명한, 명확한
0748	conflict	명 갈등, 충돌 통 ① 싸우다, 충돌하다 ② 상충하다
0749	inflict	통 ① (상처를) 입히다, 가하다 ② (형벌·고통을) 주다
0750	afflict	통 괴롭히다, 피해를 입히다

0751	chronic	웹 만성적인, 장기간 지속되는
0752	chronicle	몡 연대기, 기록 동 연대순으로 기록하다
0753	anachronism	몡 ① 시대착오 ② 시대에 뒤진 생각[사람]
0754	temporary	웹 일시적인, 임시의
0755	contemporary	웹 ① 동시대의 ② 현대의 몡 동년배, 동시대인
0756	extemporize	동 즉석으로 하다
0757	cumbersome	웹 ① 방해가 되는, 폐를 끼치는 ② 크고 무거운
0758	encumber	동 방해하다, 폐 끼치다
0759	incumbent	웹 ① 현직의, 재직의 ② 의무적인 몡 재임자
0760	succumb	동 굴복하다

0761	immemorial	혱 먼 옛날의, 태곳적부터의
0762	commemorate	통 기념하다
0763	nerve	뗑 ① 긴장 ② 신경 ③ 용기 통 용기를 내어 -하다
0764	enervate	통 기력을 떨어뜨리다
0765	unnerve	통 ① 기력을 잃게 하다 ② 불안하게 만들다
0766	illuminate	통 ① (불을) 비추다, 밝게 하다 ② 설명하다, 분명히 하다
0767	illustrate	통 ① 설명하다, 예시를 보여주다 ② 삽화를 넣다
0768	lust	뗑 욕망, 갈망
0769	lusty	혱 ① 건장한, 튼튼한 ② 활발한, 활기찬
0770	luxuriant	혱 ① 화려한, 번창한 ② 기름진, 풍부한, 다산의

0771	lucrative	형 ① 수익성이 좋은 ② 유리한
0772	lucid	형 ① 맑은, 투명한 ② 명백한, 알기 쉬운 ③ 명석한, 이해력이 뛰어난
0773	pellucid	형 ① 빛나는, 밝은 ② 명백한, 알기 쉬운
0774	luminous	형 ① 빛나는, 밝은 ② 명백한, 알기 쉬운 ③ 명석한
0775	luminary	명 ① 발광체 ② 전문가, 권위자
0776	elucidate	동 명료하게 하다, 설명하다
0777	inflame	동 ① 격분시키다, 흥분시키다 ② 악화시키다
0778	inflammatory	형 ① 선동적인, 분노를 유발하는 ② 염증을 일으키는
0779	flamboyant	형 ① 화려한 ② 이색적인
0780	conflagration	명 큰불, 대화재

0781	sacred	형 ① 성스러운, 신성한 ② 종교적인
0782	consecrate	동 ① 신성하게 하다 ② 봉헌하다, 바치다
0783	desecrate	동 (신성 등을) 모독하다, (명예를) 훼손하다
0784	sequel	명 속편
0785	sequence	명 ① 연속적인 사건들 ② 순서, 차례
0786	suit	동 적합하다, 어울리다 명 ① 정장, 한 벌의 옷 ② (법률) 소송
0787	pursue	동 ① 추구하다 ② 뒤쫓다, 추적하다 ③ 계속하다
0788	consequence	명 ① 결과 ② 영향 ③ 중요성
0789	subsequent	형 그 다음의, 차후의
0790	obsequious	형 아부하는, 비굴한

0791	execute	통 ① 실행하다, 수행하다 ② 처형하다
0792	persecute	통 ① 박해하다 ② 귀찮게 굴다
0793	ensue	통 잇따라 일어나다
0794	prosecute	통 기소하다, 고소하다
0795	arrogant	형 거만한, 오만한
0796	interrogate	통 심문하다, 추궁하다
0797	abrogate	통 폐지하다, 철폐하다
0798	derogate	통 ① 훼손하다, 떨어뜨리다 (from) ② 무시[폄훼]하다
0799	surrogate	형 대리의, 대용의 명 대리인, 대행자
0800	prerogative	명 특권, 특전

Day 17

0801	**compete**	통 경쟁하다, 겨루다
0802	**petition**	명 탄원(서), 진정(서) 통 탄원하다, 청원하다
0803	**assess**	통 평가하다
0804	**sedentary**	형 주로 앉아서 하는
0805	**residue**	명 잔여, 나머지
0806	**subsidiary**	형 ① 부수적인 ② 자(子)회사의 명 자(子)회사
0807	**subside**	통 ① 가라앉다 ② 진정되다
0808	**dissident**	형 반체제의, 의견을 달리하는 명 반체제 인사
0809	**insidious**	형 ① 음흉한 ② 서서히 퍼지는
0810	**supersede**	통 ① 대신 들어서다 ② 자리를 빼앗다

0811	**assiduous**	혱 근면 성실한
0812	**resist**	图 반대하다, 저항하다
0813	**state**	圕 ① 상태 ② 국가 图 진술하다, 말하다
0814	**stable**	혱 안정된, 견고한 圕 마구간
0815	**static**	혱 정적인, 고정적인 圕 잡음
0816	**constitute**	图 ① 구성하다, 형성하다 ② 설립하다, 제정하다
0817	**destitute**	혱 ① 빈곤한 ② -이 없는, 결핍한
0818	**obstinate**	혱 고집 센, 완고한
0819	**consistent**	혱 ① 일관된 ② 일치하는
0820	**stem**	图 ① 유래하다, 생기다 (from) ② 막다, 저지하다 圕 줄기

0821	**instruct**	통 ① 가르치다, 교육하다 ② 지시하다
0822	**obstruct**	통 방해하다, 막다
0823	**constructive**	형 건설적인
0824	**construe**	통 -을 (-으로) 이해[해석]하다
0825	**fundamental**	형 ① 근본적인, 기본적인 ② 핵심적인, 필수적인
0826	**foundation**	명 설립, 기초
0827	**profound**	형 깊은, 심오한
0828	**implant**	통 심다, 뿌리내리다
0829	**transplant**	통 이식하다, 옮겨 심다 명 이식
0830	**supplant**	통 대신하다, 대체하다

0831	humble	혱 ① 겸손한 ② 비천한
0832	humiliate	통 굴욕감을 주다, 창피를 주다
0833	exhume	통 발굴하다
0834	inhume	통 매장하다
0835	homage	명 경의, 존경의 표시
0836	isolate	통 고립시키다, 격리하다
0837	insulate	통 ① 단열·방음 처리를 하다 ② 고립시키다
0838	local	혱 ① 지역의, 현지의 ② 일부에 대한
0839	locate	통 -의 위치를 찾아내다
0840	allocate	통 할당하다, 배분하다

0841	**vacant**	형 비어 있는, 사람이 살지 않는
0842	**vanish**	동 사라지다
0843	**vague**	형 모호한, 희미한, 애매한
0844	**vain**	형 ① 소용 없는, 헛된 ② 허영심이 많은
0845	**evaporate**	동 증발하다, 증발시키다
0846	**vaporous**	형 ① 수증기가 가득한 ② 실체가 없는, 공상적인
0847	**evacuate**	동 ① 대피시키다 ② 비우다
0848	**devastate**	동 ① 완전히 파괴하다 ② 망연자실케 하다
0849	**devoid**	형 결여된, -이 전혀 없는
0850	**evanescent**	형 사라져가는, 덧없는, 무상한

Day 18

0851	**uniform**	명 제복, 군복, 교복 형 ① 획일적인 ② 균일한, 한결같은
0852	**conform**	동 ① 따르다, 순응하다 (to) ② 일치하다 (to)
0853	**deform**	동 ① 모양을 훼손시키다 ② 불구로 만들다
0854	**amorphous**	형 무정형의, 확실한 형태가 없는
0855	**metamorphous**	형 변화하는, 변화의
0856	**adequate**	형 충분한, 적당한
0857	**equivalent**	형 ① 동등한 ② 상당하는, 맞먹는 명 동등한 것
0858	**equilibrium**	명 ① 평형, 균형 ② (마음의) 평정
0859	**equivocal**	형 모호한, 불분명한
0860	**equanimity**	명 평정심

0861	concentrate	통 집중하다, 전념하다 명 농축물
0862	eccentric	형 괴짜의, 별난 명 괴짜, 기인
0863	egocentric	형 자기중심의, 이기적인 명 이기주의자
0864	delay	통 미루다, 연기하다 명 연기, 지체
0865	release	통 ① 풀어주다, 석방하다 ② 발표하다, 개봉하다 ③ 방출하다 명 ① 석방 ② 발표 ③ 방출
0866	prolong	통 연장하다
0867	elongate	통 늘이다, 연장하다
0868	rapacious	형 ① 강탈하는 ② 욕심 많은, 탐욕스러운
0869	ravage	통 파괴하다, 약탈하다 명 파괴, 황폐
0870	surreptitious	형 비밀의, 은밀한

0871	attain	통 ① 이루다, 달성하다 ② 도달하다, 이르다
0872	contaminate	통 더럽히다, 오염시키다
0873	contagious	형 전염되는, 전염성의
0874	contiguous	형 인접한, 근접한
0875	contingent	형 ① -에 의존하는, -에 부수적으로 일어나는 (on) ② 우연한, 우발적인 ③ 임시의
0876	integrate	통 통합시키다
0877	tact	명 ① 요령, 재치 ② 눈치
0878	intact	형 ① 원형 그대로의, 손상되지 않은 ② 완전한
0879	tangible	형 ① 만질 수 있는 ② 분명히 실재하는 ③ 확실한
0880	tactile	형 촉각의

0881	devour	통 게걸스레 먹다, 탐닉하다
0882	herbivorous	형 초식성의
0883	carnivorous	형 육식성의
0884	omnivorous	형 ① 잡식성의 ② 두루 관심을 갖는
0885	voracious	형 게걸스레 먹는, 탐욕스러운
0886	illusion	명 ① 환상, 환각 ② 착각, 오해
0887	delude	통 속이다
0888	allude	통 ① 암시하다 ② 언급하다
0889	collude	통 공모하다, 결탁하다
0890	elude	통 교묘히 피하다, 빠져나오다

0891	ludicrous	형 터무니없는
0892	punctual	형 시간을 엄수하는, 시간을 지키는
0893	punctilious	형 꼼꼼한
0894	acupuncture	명 침술
0895	approximate	동 근접하다, -에 가깝다 형 근사치의, 대략적인
0896	reproach	명 비난, 책망 동 비난하다, 꾸짖다
0897	proximity	명 가까움, 근접
0898	laborious	형 ① 힘든, 고된 ② 공들인 ③ 근면한, 부지런한
0899	collaborate	동 협력하다, 공동으로 일하다
0900	elaborate	형 공들인, 정교한 동 ① 정교하게 만들다 ② 자세히 설명하다, 상술하다

Day 19

0901	public	혱 공공의, 일반 대중의 몡 대중
0902	populate	통 ① (-에) 살다 ② 거주시키다
0903	populous	혱 인구가 조밀한, 인구가 많은
0904	endemic	혱 풍토성의, 한 지방에만 나타나는
0905	epidemic	몡 전염병, 유행병 혱 유행성의, 널리 퍼져 있는
0906	pandemic	몡 전국적인 유행병, 전 세계적인 유행병
0907	demonstrate	통 ① 증명하다 ② 시범을 보이다, 설명하다 ③ 시위하다
0908	autocratic	혱 독재의, 독재적인
0909	automatic	혱 자동의
0910	autonomy	몡 ① 자치권, 자율성 ② 자치 국가

0911	malady	몡 병, (사회의) 병폐
0912	malice	몡 악의, 적의
0913	malefactor	몡 악인
0914	maledict	통 저주하다 몡 저주하는
0915	maladroit	몡 솜씨 없는, 서투른
0916	malign	통 중상하다, 비방하다 몡 유해한, 악의 있는
0917	malignant	몡 ① 악의에 찬 ② (종양·병이) 악성의
0918	malinger	통 꾀병을 부리다
0919	malpractice	몡 ① 위법행위 ② 의료과실
0920	malfunction	몡 기능불량, 오작동

0921	mislead	통 ① 잘못 인도하다, 현혹하다 ② 오해하게 하다, 속이다
0922	misplace	통 잘못 두다, 둔 곳을 잊다
0923	misbehave	통 못된 짓을 하다, 비행을 저지르다
0924	mischief	명 ① 나쁜 짓, 장난(기) ② 손해
0925	misdeed	명 악행, 범죄
0926	miscarry	통 ① 실패하다 ② 유산하다
0927	misdemeanor	명 경범죄, 비행
0928	misgiving	명 걱정, 불안
0929	mishap	명 불행, 불운
0930	misnomer	명 잘못된 명칭, 틀린 이름

0931	beneficent	휑 도움을 주는, 선행을 베푸는, 친절한
0932	benediction	휑 기도, 축복기도
0933	benign	휑 ① 친절한, 상냥한 ② 길한, 상서로운
0934	absorb	동 ① 흡수하다 ② 열중케 하다
0935	absurd	휑 어리석은, 터무니없는
0936	abolish	동 폐지하다, 없애다
0937	abhor	동 혐오하다, 몹시 싫어하다
0938	abrasive	휑 ① 닳게 하는, 연마재의 ② 신경에 거슬리는
0939	absolve	동 무죄를 선고하다, 용서하다
0940	abscond	동 도망가다, 종적을 감추다[숨다]

0941	aberrant	휑 일탈적인, 도리를 벗어난
0942	abominable	휑 ① 혐오스러운, 아주 끔찍한 ② 지독한, 열악한
0943	entail	통 불러일으키다, 수반하다
0944	curtail	통 삭감하다, 축소시키다
0945	indemnify	통 변상하다, 배상하다
0946	condemn	통 ① 비난하다 ② (형을) 선고하다
0947	anthrophobia	휑 대인 공포증
0948	xenophobia	휑 외국인 공포증[혐오]
0949	odorous	휑 냄새가 나는
0950	malodor	휑 악취, 고약한 냄새

Day 20

0951	**appoint**	통 임명[지명]하다, 정하다
0952	**adjust**	통 ① 맞추다, 조정[조절]하다 ② 적응하다
0953	**adhere**	통 ① 들러붙다, 부착하다 ② 고수하다
0954	**adore**	통 (마음 속 깊이) 존경하다, 매우 좋아하다
0955	**abandon**	통 ① 버리다, 떠나다 ② 포기하다, 그만두다
0956	**accumulate**	통 모으다, 축적하다, 쌓이다
0957	**accelerate**	통 가속하다, 빨라지다
0958	**accuse**	통 ① 비난하다 ② 고발[고소, 기소]하다
0959	**adjourn**	통 ① 연기하다 ② 중단하다
0960	**adroit**	형 솜씨 좋은, 능숙한, 교묘한

0961	allure	몡 매력, 매혹 통 유혹하다, 꾀다
0962	abide	통 ① 머무르다, 살다 (in) ② 참다 ③ 지키다, 따르다 (by)
0963	akin	휑 ① 친족의 ② -와 유사한 (to)
0964	accomplice	몡 공범, 연루자
0965	abet	통 부추기다, 선동하다
0966	affiliate	통 ① 가입시키다 ② 합병시키다 몡 계열 회사
0967	alloy	몡 합금 통 ① 섞다, 합금하다 ② 순도[질]를 떨어뜨리다
0968	amenable	휑 순종하는, -을 잘 받아들이는
0969	appease	통 진정시키다, 달래다
0970	adept	휑 정통한, 능숙한 몡 숙련자, 달인

0971	acquiesce	통 묵인하다, (마지못해) 따르다
0972	amass	통 모으다, 축적하다
0973	assort	통 ① 분류하다 ② 구색을 갖추다
0974	adulation	명 아첨, 칭찬
0975	accretion	명 ① 증가 ② 첨가(물), 부착(물)
0976	accrue	통 ① 증가하다, 누적[축적]되다 ② (이자가) 붙다
0977	accost	통 -에게 말을 걸다
0978	ameliorate	통 개선시키다, 좋아지다
0979	appall	통 소름 끼치게 하다, 섬뜩하게 하다
0980	arraign	통 기소하다, 고발하다

0981	**assuage**	통 (고통·욕구 등을) 덜어주다, 가라앉히다
0982	**acclimate**	통 적응시키다
0983	**annotate**	통 주석을 달다, 주해하다
0984	**attenuate**	통 ① 가늘어지다 ② 약화시키다
0985	**progress**	명 ① 전진, 진행 ② 진보, 발전 통 ① 전진하다, 진행되다 　② 진보[발전]하다
0986	**promising**	형 장래가 촉망되는, 조짐이 좋은
0987	**procrastinate**	통 질질 끌다, 미루다
0988	**prodigal**	형 낭비하는, 방탕한
0989	**prodigious**	형 ① 비범한, 놀라운, 엄청난 　② 거대한
0990	**prolific**	형 다산의, 다작의

0991	propitious	혱 길조의, 징조가 좋은
0992	foremost	혱 ① 선두의, 맨 앞에 위치한 ② 가장 중요한
0993	foresee	통 예견[예상]하다, 예언하다
0994	foretell	통 예언하다
0995	forerunner	몡 선구자, 전신
0996	forgo	통 포기하다, 그만두다
0997	forestall	통 미리 막다, 선수를 치다
0998	forearm	통 미리 무장하다, 대비하다 몡 팔뚝
0999	anticipate	통 예상하다, 기대하다
1000	ancient	혱 고대의, 옛날의

1001	intimate	혱 친밀한
1002	intuition	몡 직관, 직감
1003	immerse	图 ① 몰두시키다 ② 담그다
1004	irrigate	图 (땅에) 물을 대다, 관개하다
1005	infuriate	图 격분하게 하다
1006	intimidate	图 위협하다, 협박하다
1007	impair	图 손상시키다, 해치다
1008	impoverish	图 ① 가난하게 하다 ② 질을 저하시키다
1009	inhale	图 들이쉬다
1010	instill	图 (사상·감정 등을) 주입하다, 불어넣다

1011	**impart**	동 ① 전하다 ② 나누어 주다
1012	**impeach**	동 탄핵하다, 고발하다
1013	**inaugurate**	동 ① 취임시키다 ② 시작하다
1014	**infringe**	동 위반하다, 침해하다
1015	**ingrained**	형 (사상이) 깊이 배어든
1016	**insinuate**	동 넌지시 비추다, 암시하다
1017	**inmate**	명 ① 수감자 ② (정신병원) 입원자
1018	**impute**	동 -탓으로 하다, -에게 돌리다
1019	**imbue**	동 (사상·감정 등을) 불어넣다, 고취하다
1020	**inoculate**	동 접종하다, 접목하다

1021	intoxicate	图 ① 취하게 하다 ② 열광케 하다 ③ 중독시키다
1022	impetus	명 ① 자극, 충동 ② 추진력
1023	impetuous	혱 충동적인, 격렬한, 성급한
1024	infiltrate	图 침투하다, 스며들다
1025	inculcate	图 되풀이하여 가르치다, 심어주다
1026	incise	图 ① 자르다, 절개하다 ② 새기다
1027	incarcerate	图 투옥하다, 감금하다
1028	inquisitive	혱 탐구적인, 호기심이 강한
1029	superb	혱 최고의, 뛰어난
1030	superior	혱 보다 우수한, 상급의 명 윗사람, 상급자

1031	supernatural	휑 초자연적인, 불가사의한 뗑 초자연적 현상
1032	superficial	휑 표면(상)의, 피상적인
1033	superstition	뗑 미신
1034	surmount	됭 ① 극복하다 ② (산·언덕 등을) 오르다, 넘다
1035	superfluous	휑 여분의, 남아도는
1036	superintend	됭 관리하다, 감독하다
1037	surveillance	뗑 감시, 망보기, 감독
1038	supremacy	뗑 최고, 패권, 우위
1039	surfeit	뗑 과식, 과다 됭 과식하다
1040	surmise	뗑 추측, 짐작 됭 추측하다

1041	supercilious	혱 거만한, 오만한
1042	uphold	동 지지하다, 떠받치다
1043	uprising	명 폭동, 반란
1044	uproar	명 소란, 소동
1045	uproot	동 뿌리째 뽑다, 근절하다
1046	upheaval	명 대격변, 대혼란
1047	upbeat	혱 명랑한, 희망에 찬
1048	withdraw	동 ① 물러나다, 철수하다 ② (돈을) 인출하다 ③ 철회하다, 취소하다
1049	withhold	동 ① 주지 않다 ② 억누르다, 억제하다 ③ 보류하다
1050	withstand	동 저항하다, 견디다

Day 22

1051	**overall**	혱 종합적인, 전체의
1052	**overdue**	혱 기한이 지난, 이미 늦은
1053	**overlap**	통 -위에 겹치다, 포개다 몡 ① 중복 ② 일치
1054	**overlook**	통 ① 간과하다, 눈감아주다 ② 감독하다, 내려다보다
1055	**overbearing**	혱 건방진, 거만한
1056	**oversee**	통 감시하다, 감독하다
1057	**overrun**	통 ① 만연하다 ② 침략하다 ③ 초과하다 몡 초과(량), 잉여(량)
1058	**overhaul**	통 -을 철저히 조사하다
1059	**override**	통 ① 짓밟다, 무시하다 ② 무효로 하다
1060	**undercover**	혱 비밀리에 하는, 첩보 활동의, 위장 근무의

1061	undergo	图 ① 겪다, 경험하다 ② 참다, 견디다
1062	undertake	图 ① 떠맡다 ② 착수하다, 시작하다
1063	underlying	图 근본적인
1064	undermine	图 ① 손상시키다, 약화시키다 ② 밑을 파다
1065	underscore	图 밑줄을 긋다, 강조하다
1066	subconscious	图 잠재의식의 图 잠재의식
1067	subtle	图 ① 미묘한 ② 섬세한
1068	sojourn	图 머무르다 图 체류
1069	suffocate	图 질식하게 하다
1070	subjugate	图 복종시키다, 정복하다

1071	substantial	휑 ① (양이) 상당한 ② 본질적인, 중요한 ③ 실제의
1072	subversive	휑 전복시키는, 파괴적인
1073	depart	동 ① 떠나다, 출발하다 ② 벗어나다, 이탈하다
1074	deceased	휑 사망한 명 고인
1075	devout	휑 독실한, 경건한
1076	deliberate	동 숙고하다, 신중히 생각하다 휑 ① 의도적인, 계획적인 ② 신중한, 심사숙고한
1077	deteriorate	동 ① 악화되다, 더 나빠지다 ② 저하시키다, 악화시키다
1078	debase	동 저하시키다, 떨어뜨리다
1079	demolish	동 ① 부수다, 허물다 ② (사상·이론을) 뒤집다
1080	default	명 태만, 채무 불이행 동 소홀히 하다, 채무를 이행하지 않다

1081	detect	图 발견하다, 감지하다
1082	derive	图 ① 이끌어내다, 얻다 ② 유래하다, 파생되다
1083	decipher	图 해독하다, 풀다
1084	decompose	图 ① 부패시키다 ② (성분·요소로) 분해시키다
1085	delinquent	图 ① 비행의 ② 체납된 图 비행 청소년
1086	deranged	图 정상이 아닌, 미친
1087	dehydrate	图 (식품을) 건조시키다, 탈수 상태가 되다
1088	defunct	图 ① 죽은 ② 사용되지 않는 ③ 효력을 잃은
1089	detrimental	图 해로운
1090	deprecate	图 ① 반대하다 ② 비난하다

1091	desist	통 그만두다, 중지하다
1092	decrepit	형 노쇠한, 노후한
1093	demure	형 ① 얌전한, 조용한 ② 정숙한
1094	derelict	형 ① 유기된, 버려진 ② 직무에 태만한
1095	despondent	형 낙심한, 의기소침한
1096	deciduous	형 ① 낙엽성의 ② 일시적인
1097	demarcate	통 경계를 정하다
1098	depredate	통 강탈하다, 약탈하다
1099	detour	형 우회
1100	demise	형 ① 서거, 별세 ② 종말

1101	eradicate	통 근절하다, 뿌리 뽑다
1102	efface	통 삭제하다, 지우다
1103	exhaust	통 ① 기진맥진하게 하다 ② 다 써 버리다 명 배기가스
1104	elicit	통 끌어내다, 유도해 내다
1105	exotic	형 이국적인, 외국의
1106	exaggerate	통 과장하다
1107	exasperate	통 ① 몹시 화나게 하다 ② 악화시키다
1108	exile	통 추방하다 명 추방(자), 망명(자)
1109	erode	통 ① 침식시키다, 풍화시키다 ② 약화시키다
1110	enunciate	통 ① 발음하다 ② 선언하다, 발표하다

1111	exorcise	통 내쫓다
1112	exhilarate	통 기운을 북돋우다, 기쁘게 만들다
1113	excoriate	통 ① 맹비난하다 ② 껍질을 벗기다 ③ 찰과상을 입히다
1114	exonerate	통 혐의를 풀어주다, -의 무죄를 증명하다
1115	extant	형 현존하는
1116	erudite	형 학식이 있는, 박식한
1117	exorbitant	형 과도한, 지나친
1118	expound	통 상세히 설명하다
1119	expunge	통 지우다, 삭제하다
1120	extol	통 칭찬하다, 칭송하다

1121	ebullient	휑 원기 왕성한
1122	egregious	휑 ① 지독한, 악명 높은 ② 터무니없는
1123	extenuate	통 ① 경감하다 ② 참작하다
1124	exude	통 분비하다, 발산하다
1125	unique	휑 ① 유일무이한 ② 독특한
1126	universal	휑 전 세계적인, 보편적인
1127	unanimous	휑 만장일치의
1128	accompany	통 -와 동반하다, 동행하다
1129	compromise	통 ① 타협하다 ② 손상시키다 휑 타협, 절충(안)
1130	correlate	통 상호 관련시키다, 연관성이 있다

1131	constant	휑 불변의, 끊임없는 휑 ① 변하지 않는 것 ② (수학) 상수
1132	correspond	통 ① 일치하다, 상응하다 ② 서신을 주고받다, 통신하다
1133	collide	통 ① 부딪치다, 충돌하다 ② (의견이) 일치하지 않다, 상충되다
1134	coherent	휑 일관성 있는, 논리 정연한
1135	configuration	휑 배열, 배치
1136	commence	통 ① 시작되다 ② 학위를 받다
1137	confederate	휑 동맹한, 연합한 휑 동맹자, 연합자 통 동맹하다
1138	confiscate	통 몰수하다, 압수하다
1139	confound	통 어리둥절[당혹]하게 만들다
1140	conciliate	통 달래다, 회유하다

1141	coerce	통 ① 강요하다, 강제하다 ② 진압하다
1142	coalition	명 연립 정부, 연합체
1143	consign	통 ① 넘겨주다, 건네주다 ② 놓다, 두다 ③ 맡기다, 위임하다
1144	corroborate	통 확증하다, 입증하다
1145	concoct	통 ① (음식 등을) 조합하여 만들다 ② (음모 등을) 꾸미다, (이야기·변명 등을) 지어내다
1146	conglomerate	명 거대 기업, 집단
1147	convivial	형 유쾌한, 쾌활한
1148	congruous	형 일치하는, 어울리는
1149	congruent	형 ① 동일한, 일치하는 ② (수학) 합동의
1150	connive	통 못 본 체하다, 묵인하다

1151	unfavorable	형 ① 불리한 ② 비판적인
1152	uneasy	형 불안한, 불안정한
1153	unconscious	형 ① 무의식적인 ② 의식을 잃은
1154	unconditional	형 무조건적인, 절대적인
1155	unbearable	형 참을 수 없는
1156	unwillingly	부 마지못해, 본의 아니게
1157	uneven	형 ① 불규칙한, 평평하지 않은 ② 공정하지 않은
1158	uninterested	형 무관심한, 냉담한
1159	unbiased	형 선입견 없는
1160	unfold	동 펼치다, 밝히다

1161	unsettle	동 ① 어지럽히다, 동요시키다 ② 불안하게 하다
1162	unattended	형 ① 방치된 ② 출석자가 없는, 단독의
1163	uncanny	형 불가사의한, 신비한, 묘한, 이상한
1164	unearth	동 파내다, 발굴하다
1165	unruly	형 제멋대로 하는
1166	unscrupulous	형 부도덕한, 양심적이지 않은
1167	unbridled	형 구속[억제]되지 않은, 방종한
1168	undaunted	형 용감한
1169	unobtrusive	형 삼가는, 조심하는
1170	unflagging	형 지칠 줄 모르는

1171	**unkempt**	톙 단정치 못한, 흐트러진
1172	**unravel**	통 풀다, 해결하다
1173	**reproduce**	통 ① 다시 만들어내다, 재생[재현]하다 ② 복사하다 ③ 번식하다
1174	**reassure**	통 안심시키다
1175	**reconcile**	통 화해시키다, 조화시키다
1176	**reluctant**	톙 꺼리는, 싫어하는
1177	**repute**	명 평판, 명성 통 평판하다, 여기다
1178	**retrieve**	명 회복 통 ① 되찾다, 회복하다 ② 검색하다
1179	**relinquish**	통 포기하다, 단념하다
1180	**reciprocal**	톙 상호간의

1181	reparation	몡 보상, 배상
1182	retaliate	동 복수하다, 보복하다
1183	reverence	몡 숭배, 경외
1184	reprimand	몡 비난, 질책 동 비난하다, 꾸짖다
1185	reimburse	동 -에게 변상하다, 갚다
1186	redeem	동 ① 되찾다 ② 변제하다, 상환하다 ③ 만회하다
1187	refute	동 논박하다, 반박하다
1188	redress	동 바로잡다, 교정하다
1189	relegate	동 ① 좌천시키다, 내쫓다 ② 위탁하다 ③ 귀속시키다
1190	repeal	동 취소하다, 폐지하다

1191	**resurrection**	명 부활, 소생
1192	**recondite**	형 심오한, 난해한
1193	**recourse**	명 의지가 되는 것[사람]
1194	**recalcitrant**	형 반항하는, 고집 센
1195	**recoil**	동 ① 주춤[움찔]하다 ② 되돌아오다
1196	**remunerate**	동 보상하다, 보답하다
1197	**rescind**	동 폐지하다, 무효로 하다
1198	**resilient**	형 탄력성이 있는, 잘 회복하는
1199	**resuscitate**	동 소생시키다
1200	**reverberate**	동 반향을 불러일으키다, 울려 퍼지다

1201	oblique	혱 ① 비스듬한, 사선의 ② 애매한, 완곡한
1202	obtuse	혱 무딘, 둔한
1203	obese	혱 비만인
1204	obfuscate	동 혼란시키다, 당황하게 하다
1205	ostensible	혱 ① 표면상의, 겉으로만의 ② 명백한
1206	obscure	혱 ① 불명확한, 모호한 ② 잘 알려지지 않은 동 모호하게 하다
1207	occult	혱 불가사의한, 주술적인 명 주술
1208	obsolete	혱 ① 사라진 ② 구식의, 더는 쓸모없는
1209	oblivion	명 망각
1210	obscene	혱 외설적인, 음란한

1211	obituary	명 부고
1212	incredible	형 믿을 수 없는, 엄청난
1213	incessant	형 끊임없는, 쉴 새 없는
1214	impudent	형 무례한, 뻔뻔스러운
1215	intolerable	형 견딜 수 없는
1216	inevitable	형 피할 수 없는, 필연적인
1217	invaluable	형 매우 귀중한
1218	infamous	형 악명 높은
1219	immoral	형 부도덕한
1220	invariable	형 변함없는, 불변의

1221	impartial	휑 공정한, 공평한
1222	impenetrable	휑 관통할 수 없는, 불가해한
1223	imprudent	휑 경솔한
1224	irreparable	휑 ① 수리할 수 없는 ② 회복할 수 없는
1225	indecisive	휑 결단성 없는, 우유부단한
1226	irrespective	휑 -와 상관없는 (of)
1227	impasse	웡 교착 상태
1228	impassive	휑 무표정한, 아무런 감정이 없는, 무감각한
1229	insolent	휑 ① 무례한 ② 거만한
1230	inarticulate	휑 불분명한

1231	immaculate	형 깨끗한, 순결한
1232	inclement	형 험(악)한, 매서운, 혹독한
1233	implausible	형 믿기 어려운, 거짓말 같은
1234	irreversible	형 변경할 수 없는, 되돌릴 수 없는
1235	intrepid	형 용기 있는, 대담한
1236	impeccable	형 결함 없는, 완벽한
1237	impervious	형 ① (물·열 등을) 통과시키지 않는 ② 영향받지 않는
1238	incandescent	형 ① 백열의 ② 의욕에 불타는
1239	inept	형 부적당한, 서투른
1240	insatiable	형 만족할 줄 모르는, 탐욕스러운

1241	insipid	휑 ① 맛없는 ② 재미없는, 지루한
1242	insomnia	圐 불면증
1243	indiscriminate	휑 ① 무분별한, 무차별적인 ② 신중하지 못한
1244	insurgent	圐 반란자, 폭도 휑 반란을 일으킨
1245	impecunious	휑 돈이 없는, 가난한
1246	inaudible	휑 알아들을 수 없는, 들리지 않는
1247	illicit	휑 위법의, 금지된
1248	impregnable	휑 난공불락의, 확고부동한
1249	impunity	圐 무사, 안전, 처벌받지 않음
1250	inadvertent	휑 ① 부주의한 ② 우연의

Day 26

1251	amoral	혱 도덕관념이 없는, 선악 판단이 안 되는
1252	amnesia	몡 기억 상실(증), 건망증
1253	anesthetic	혱 마취의, 무감각한 몡 마취제
1254	atoxic	혱 독이 없는, 무해한
1255	abyss	몡 심연, 깊은 구렁
1256	atypical	혱 전형적이 아닌, 불규칙적인
1257	asymmetry	몡 불균형, 어울리지 않음
1258	atheist	몡 무신론자
1259	aseptic	혱 무균(성)의, 방부 처리의
1260	atrophy	동 위축되다, 위축시키다 몡 위축(증)

1261	agnostic	혱 불가지론자의 몡 불가지론자
1262	adamant	혱 ① 요지부동의, 단단한, 튼튼한 ② 단호한, 불굴의
1263	anomalous	혱 변칙의, 이례적인, 비정상적인
1264	disregard	통 무시하다, 묵살하다 몡 무시, 묵살
1265	disable	통 장애를 입히다, 무능력하게 하다
1266	discharge	통 ① 내보내다, 방출[석방, 해고]하다 ② 이행하다 ③ 짐을 내리다 몡 ① 내보냄, 방출, 석방, 해고, 제대 ② 수행, 이행
1267	discard	통 버리다, 폐기하다
1268	disinterested	혱 ① 사심이 없는, 객관적인 ② 무관심한
1269	disillusion	통 환상을 깨뜨리다
1270	disguise	통 ① 변장[위장]하다 ② 숨기다, 속이다 몡 ① 변장 ② 은폐

1271	disperse	통 ① 흩어지다, 해산시키다 ② 퍼뜨리다, 보급하다
1272	divulge	통 폭로하다
1273	disband	통 해체하다, 해산시키다
1274	dilute	통 희석하다, 약화시키다 형 희석된
1275	discomfit	통 좌절시키다, 당황하게 하다
1276	discrepancy	명 차이, 불일치
1277	disparity	명 차이, 불균형
1278	disparage	통 얕보다, 경시하다
1279	disseminate	통 퍼뜨리다, 전파하다
1280	disentangle	통 풀다, 해방시키다

1281	disdain	명 업신여김, 무시 동 경멸하다, 무시하다
1282	dissipate	동 ① 소멸시키다, 흩어지게 하다 ② 낭비하다
1283	dilapidated	형 다 허물어져 가는, 황폐한
1284	disqualify	동 자격을 박탈하다, 실격시키다
1285	dilate	동 넓히다, 팽창시키다
1286	dismantle	동 분해하다
1287	disconcert	동 (주로 수동) 평정을 잃게 하다, 당황하게 하다
1288	dissonance	명 불협화음, 부조화
1289	discordant	형 조화하지 않는, 불협화음의
1290	parasite	명 기생충

1291	parable	몡 우화, 비유담
1292	paragon	몡 모범, 전형
1293	paranoia	몡 망상, 편집병
1294	parallel	혱 ① 평행의 ② 유사한 몡 ① 평행선 ② 대등한 것 통 ① 평행하다 ② 유사하다
1295	paramount	혱 ① 주요한 ② 최고의
1296	paradox	몡 역설, 모순
1297	paralyze	통 마비시키다, 무력하게 만들다
1298	antagonist	몡 적대자
1299	antioxidant	몡 ① 산화[노화] 방지제 ② 방부제
1300	antiseptic	몡 소독제[약] 혱 ① 소독[살균]이 되는 ② 소독[살균]된

Day 27

1301	**enlarge**	통 확대하다, 확장하다
1302	**endanger**	통 위태롭게 하다
1303	**enlist**	통 병적에 넣다, 입대하다
1304	**enhance**	통 높이다, 향상시키다
1305	**enact**	통 제정하다
1306	**enrage**	통 격노하게 하다
1307	**enchant**	통 매혹시키다, 마법을 걸다
1308	**embody**	통 구체화하다, 구현하다
1309	**entitle**	통 ① 자격[권리]을 주다 ② 제목을 붙이다
1310	**embark**	통 ① 승선하다 ② 시작하다

1311	**embed**	图 파묻다, (물건을) 깊숙이 박다
1312	**embryo**	图 ① (동·식물의) 태아, 배아 ② 초기
1313	**enliven**	图 활기 있게 하다, 더 생동감 있게 만들다
1314	**endorse**	图 ① 승인하다, 지지하다, 보증하다 ② (수표 등에) 배서하다
1315	**encompass**	图 ① 동봉하다 ② 에워싸다
1316	**entangle**	图 혼란케 하다, 엉키게 하다
1317	**entice**	图 꾀다, 유혹하다
1318	**enfranchise**	图 ① 선거권을 주다 ② 석방하다, 해방하다
1319	**engross**	图 집중시키다, 몰두하게 만들다
1320	**embellish**	图 미화하다, 장식하다

1321	monopoly	명 독점, 전매
1322	monotonous	형 단조로운, 지루한
1323	bilingual	형 2개 국어를 구사할 수 있는 명 2개 국어 구사자
1324	biannual	형 연 2회의
1325	binary	형 2진법의, 두 부분으로 이루어진
1326	dual	형 두 부분으로 된, 이중의
1327	dubious	형 의심하는, 수상쩍은
1328	trivial	형 사소한, 하찮은
1329	decimate	동 대량으로 죽이다, 심하게 훼손하다
1330	multiple	형 다수의, 다양한 명 배수

1331	**befall**	통 (일이) 일어나다, 생기다, 닥치다
1332	**besiege**	통 ① 포위(공격)하다 ② 괴롭히다
1333	**beset**	통 ① 에워싸다 ② 괴롭히다, 시달리게 하다
1334	**beware**	통 조심하다
1335	**belittle**	통 경시하다, 헐뜯다
1336	**bemoan**	통 한탄하다, 슬퍼하다
1337	**beguile**	통 ① 현혹시키다, 속이다 ② 구슬리다, (마음을) 끌다
1338	**bequeath**	통 물려주다, 유증하다
1339	**berate**	통 호되게 꾸짖다
1340	**bereave**	통 ① 빼앗다 ② 사별하다

1341	transfer	통 ① 옮기다, 이동하다 ② 전학[전근] 가다 명 ① 이동 ② 전학, 전근
1342	transit	명 ① 통과, 통행 ② 운송, 운반
1343	transparent	형 투명한, 비치는
1344	trespass	통 무단 침입하다
1345	transfigure	통 변모시키다
1346	transient	형 순간적인, 일시적인
1347	translucent	형 반투명의
1348	preposterous	형 ① 터무니없는, 불합리한 ② 앞뒤가 뒤바뀐
1349	posthumous	형 사후의
1350	postulation	명 ① 가정, 선결조건 ② 요구

1351	previous	혱 앞의, 이전의
1352	precaution	혱 ① 조심, 경계 ② 예방 조치
1353	premise	혱 ① 전제 ② (pl.) 토지, 부동산
1354	prerequisite	혱 ① 필수의, 미리 필요한 ② 전제가 되는 혱 ① 전제조건 ② 필수 기초 과목
1355	preeminent	혱 탁월한, 우수한
1356	predispose	통 ① ~할 마음이 생기게 하다, ~하는 경향이 있게 하다 ② (병에) 걸리기 쉽게 하다
1357	presage	혱 ① 예감 ② 전조 통 (~의) 전조가 되다, 예고하다
1358	premonition	혱 ① (불길한) 예감 ② 전조
1359	prescience	혱 예지, 통찰, 선견지명
1360	pretext	혱 구실, 핑계

1361	predicate	图 ① 단언하다 ② (주로 수동태로) -를 근거로 두다
1362	predilection	图 애호, 편애
1363	precocious	图 조숙한
1364	extravagant	图 낭비하는, 사치스러운
1365	extraterrestrial	图 외계의, 지구 밖의
1366	extraterritorial	图 치외 법권의
1367	extraordinary	图 ① 놀라운, 기이한 ② 비범한, 대단한
1368	extraneous	图 ① 관련 없는, 비본질적인 ② 외부의, 외래종의
1369	extrapolate	图 (-을 기반으로) 추론하다, 추정하다
1370	extrinsic	图 비본질적인, 외부의, 관련 없는

1371	**outrage**	몡 ① 격분, 격노 ② 불법 행위, 폭행 통 격분하게 만들다
1372	**outstanding**	혱 ① 뛰어난, 두드러진 ② 미해결된, 미지불된
1373	**outstretch**	통 -을 뻗다, 펴다
1374	**outspoken**	혱 거리낌 없는, 솔직한
1375	**utter**	혱 완전한, 전적인 통 말하다
1376	**outlaw**	통 불법화하다, 금하다 몡 범법자, 도망자
1377	**outset**	몡 시작, 최초, 발단
1378	**outright**	혱 ① 노골적인 ② 완전한 뷔 ① 노골적으로 ② 완전히
1379	**outlandish**	혱 이국풍의, 색다른
1380	**outcry**	몡 ① 비명 ② 항의 통 ① -보다 더 소리 높여 외치다 ② 부르짖다

1381	outweigh	통 -보다 더 크다, -보다 더 중요하다
1382	outlive	통 -보다 더 오래 살다
1383	outstrip	통 -을 능가하다
1384	interim	형 중간의, 잠정적인
1385	intercede	통 중재하다, 조정하다
1386	interdict	통 금지하다
1387	interject	통 끼어들다, 첨가하다
1388	arouse	통 불러일으키다
1389	aloof	형 ① 멀리 떨어진 ② 무관심한 분 떨어져서, 멀어져서
1390	afloat	형 ① (물에) 떠있는 ② (경제적인) 곤경에서 벗어난

1391	asunder	휑 떨어진, 흩어진 휙 낱낱으로, 흩어져
1392	awry	휑 빗나간, 엉망인, 잘못된 휙 구부러져, 비틀려서
1393	ablaze	휑 불길에 휩싸인, 불타는 듯한 휙 빛나서, 열광하여
1394	adrift	휑 표류하는, 방황하는 휙 (배가) 표류하여
1395	agape	휑 입을 벌린 휙 (놀람 등으로) 입을 벌려
1396	countermand	통 철회하다, 취소하다
1397	counterfeit	통 위조하다 휑 가짜의
1398	counteraction	휑 ① 반작용, 반동 ② 방해 ③ 중화
1399	encounter	통 우연히 만나다, 마주치다, 맞닥뜨리다 휑 ① 만남 ② 충돌, 교전
1400	counterproductive	휑 비생산적인, 역효과의

1401	persist	통 ① 고집하다, 주장하다 ② 지속되다
1402	persevere	통 인내하다, 견디다, 꾸준히 노력하다
1403	persuade	통 설득하다
1404	perish	통 ① 죽다 ② 사라지다, 소멸하다
1405	peruse	통 정독하다
1406	perpetual	형 영구적인, 끝임없는
1407	permanent	형 불변의, 영구적인
1408	permeate	통 침투하다, 스며들다
1409	perpetrate	통 (나쁜 짓을) 하다, 범하다
1410	perfunctory	형 형식적인, 기계적인

1411	**percussion**	똉 ① 충돌, 충격 ② 타악기
1412	**perfidy**	똉 ① 배반 ② 불성실
1413	**combustion**	똉 연소, 산화
1414	**adoption**	똉 ① 채택 ② 입양
1415	**cruelty**	똉 잔인, 잔혹
1416	**sobriety**	똉 ① 술 취하지 않음, 맨 정신 ② 냉철함, 진지함
1417	**humidity**	똉 습도, 습기
1418	**dexterity**	똉 ① 손재주가 있음, 교묘함 ② 영리함
1419	**fulfillment**	똉 성취, 완수
1420	**frequency**	똉 ① 빈도, 횟수 ② 빈번함 ③ 주파수

1421	nuisance	몡 성가신 존재, 골칫거리
1422	flattery	몡 칭찬의 말, 아첨
1423	alertness	몡 주의(력), 경계, 기민함
1424	favorable	囘 ① 호의적인 ② 유리한
1425	affordable	囘 입수 가능한, (값이) 알맞은
1426	careless	囘 부주의한, 경솔한
1427	restless	囘 ① 불안한, 잠 못 이루는 ② 들뜬, 침착하지 못한 ③ 쉬지 못하는, 끊임없는
1428	harmful	囘 해로운
1429	vigorous	囘 활력 있는, 격렬한
1430	spacious	囘 넓은, 널찍한

1431	**mechanical**	휑 기계적인
1432	**costly**	휑 비싼
1433	**abundant**	휑 풍부한
1434	**different**	휑 다른
1435	**prudent**	휑 신중한, 사려 깊은
1436	**optional**	휑 선택의, 임의의
1437	**habitual**	휑 습관적인
1438	**massive**	휑 대량의, 큰 덩어리의
1439	**informative**	휑 유용한 정보를 주는, 유익한
1440	**customary**	휑 관례적인, 습관적인

1441	momentary	혱 순간적인, 잠깐의
1442	statutory	혱 법령의, 법정의
1443	obligatory	혱 의무적인, 강제의
1444	fortunate	혱 운이 좋은
1445	passionate	혱 열정적인, 격정적인
1446	childish	혱 유치한
1447	selfish	혱 이기적인
1448	purify	됭 깨끗이 하다, 정화하다
1449	distinguish	됭 구별하다, 식별하다
1450	differentiate	됭 구별하다, 구분 짓다

Day 30

1451	**accentuate**	통 강조하다, 두드러지게 하다
1452	**accidental**	형 ① 우연한, 돌발적인 ② 부수적인
1453	**account**	통 ① 설명하다 ② 비율을 차지하다 명 ① 이야기 ② 계좌 ③ 설명
1454	**allot**	통 (시간·돈·업무 등을) 할당[배당]하다
1455	**allowance**	명 ① 감안, 참작 ② 용돈, 비용 ③ 허용
1456	**ambiguous**	형 애매한, 모호한
1457	**ambivalent**	형 양면적인, 상반되는
1458	**ample**	형 충분한, 풍부한
1459	**bulky**	형 부피가 큰, 커서 다루기 힘든
1460	**commodious**	형 ① 널찍한, 넓은 ② 편리한

1461	colossal	형 거대한
1462	gigantic	형 거대한
1463	belligerent	형 호전적인, 교전 중인
1464	brutal	형 짐승 같은, 잔인한
1465	predatory	형 포식성의, 약한 사람들을 이용해 먹는
1466	fierce	형 사나운, 맹렬한
1467	furious	형 격노한, 맹렬한
1468	indignant	형 분개한, 성난
1469	ruthless	형 무자비한, 가차 없는
1470	severe	형 ① 극심한, 심각한 ② 엄격한

1471	coincident	혤 ① 동시에 일어나는 ② 일치하는
1472	consecutive	혤 연속적인, 계속되는
1473	comparative	혤 비교의, 상대적인
1474	composure	몡 (마음의) 평정
1475	considerable	혤 ① 상당한 ② 중요한
1476	sincere	혤 진실된, 진정한
1477	sober	혤 ① 냉정한, 진지한 ② 술 마시지 않은
1478	precise	혤 정밀한, 정확한
1479	authentic	혤 ① 진짜의, 진품인 ② 믿을 만한
1480	meticulous	혤 세심한, 꼼꼼한

1481	**sophisticated**	혱 ① 세련된, 교양 있는 ② 정교한, 복잡한
1482	**thorough**	혱 철저한, 철두철미한
1483	**fastidious**	혱 ① 까다로운 ② 세심한, 꼼꼼한
1484	**flawless**	혱 흠[티] 하나 없는, 나무랄 데 없는
1485	**faulty**	혱 결함이 있는, 불완전한
1486	**blemish**	몡 티, 흠 됭 흠집을 내다, 더럽히다
1487	**shortcoming**	몡 결점, 단점
1488	**sparse**	혱 드문, 희박한, 드문드문 나 있는
1489	**scarce**	혱 부족한, 드문
1490	**meager**	혱 빈약한, 불충분한

1491	**novice**	몡 초보자, 풋내기
1492	**layman**	몡 ① 비전문가 ② 평신도
1493	**keen**	톙 ① 예리한, 날카로운 ② 열망하는, 열정적인
1494	**astute**	톙 약삭빠른, 영악한
1495	**shrewd**	톙 영리한, 기민한
1496	**deft**	톙 ① 재빠른 ② 능숙한
1497	**nimble**	톙 민첩한, 빠른
1498	**passive**	톙 수동적인, 소극적인
1499	**timid**	톙 겁 많은, 소심한, 내성적인
1500	**reckless**	톙 무모한, 신중하지 못한

VOCA EXTREME **MINI BOOK**

Day 31

1501	invigorate	图 ① 기운 나게 하다 ② 활성화하다
1502	augment	图 증가시키다, 증가하다
1503	boost	图 신장시키다, 북돋우다
1504	proliferate	图 확산하다, 급증하다
1505	buttress	图 지지하다
1506	bolster	图 지지하다, 북돋우다
1507	prosper	图 번영하다, 번창하다
1508	morale	圐 사기, 의욕
1509	thrive	图 번영하다, 번성하다
1510	deter	图 단념시키다, 그만두게 하다

1511	dissuade	통 단념시키다
1512	dwindle	통 (점점) 줄어들다
1513	plunge	통 ① 뛰어들다 ② 떨어지다, 급락하다 명 급락
1514	plummet	통 곤두박질치다, 급락하다 명 급락
1515	shrink	통 오그라들다, 움츠리다
1516	stumble	통 ① 넘어지다 ② 비틀거리다
1517	dodge	통 피하다
1518	eschew	통 피하다
1519	shun	통 꺼리다, 피하다
1520	detest	통 혐오하다, 몹시 싫어하다

1521	extinguish	图 ① 끝내다, 없애다 ② 끄다
1522	liquidate	图 ① 청산하다, 숙청하다 ② 팔다, 매각하다
1523	ephemeral	휑 일시적인, 단명하는
1524	tentative	휑 일시적인, 잠정적인
1525	longevity	圐 ① 장수, 오래 지속됨 ② 수명
1526	poisonous	휑 유독한, 독이 있는
1527	baneful	휑 해로운
1528	corrode	图 부식시키다, 좀먹다
1529	toxic	휑 독(성)의, 유독성의
1530	extradite	图 (범죄자를 관할국에) 인도하다, (본국으로) 송환하다

1531	**immigrate**	동 이민 오다
1532	**secular**	형 세속적인, 비종교적인
1533	**mundane**	형 세속적인
1534	**indulge**	동 ① 탐닉하다, 빠지다 ② 제멋대로 하게 하다
1535	**indelible**	형 잊을 수 없는, 지울 수 없는
1536	**coarse**	형 ① 거친 ② 음란한, 상스러운
1537	**barren**	형 ① 불모의 ② 불임의 ③ 살균한 명 불모지, 척박한 땅
1538	**sterile**	형 ① 불모의 ② 불임의 ③ 살균한
1539	**drastic**	형 과감한, 격렬한, 급격한
1540	**radical**	형 ① 근본적인, 기본적인 ② 급진적인, 과격한 명 급진주의자

1541	ultimate	형 ① 최후의, 궁극적인, 절대적인 ② 제1차적인, 근본적인
1542	spiteful	형 악의적인
1543	inimical	형 ① 적대적인 ② 불리한
1544	intentional	형 의도적인, 고의적인
1545	suspicious	형 의혹을 갖는, 의심스러운
1546	skeptical	형 회의적인
1547	blunder	명 큰 실수 동 큰 실수를 하다
1548	fallacy	명 ① 잘못된 생각, 착오 ② 오류
1549	grimace	명 찡그린 표정 동 얼굴을 찡그리다
1550	hypnosis	명 최면

1551	stingy	혱 인색한
1552	miserly	혱 인색한
1553	parsimony	몡 인색(함)
1554	stringent	혱 엄격한, 엄한
1555	austerity	몡 ① 검소, 긴축 ② 엄격함 ③ 금욕 생활
1556	indigent	혱 가난한, 궁핍한
1557	subsist	통 ① 근근이 살아가다 ② 존속되다
1558	frugal	혱 검소한
1559	ravenous	혱 탐욕스러운, 몹시 굶주린
1560	curb	통 억제[제한]하다 몡 ① 억제 ② 연석

1561	forbear	동 억제하다, 참다
1562	bewilder	동 당황하게 하다, 어리둥절하게 만들다
1563	fluster	동 당황하게 하다 명 당황, 혼란
1564	inherent	형 타고난, 내재된, 본질적인
1565	intrinsic	형 내재하는, 본질적인
1566	hereditary	형 유전적인, 유전성의
1567	latent	형 잠재하는, 잠복해 있는
1568	primeval	형 태고의, 원시적인
1569	cardinal	형 ① 기본적인 ② 가장 중요한 명 추기경, 기수
1570	rudimentary	형 ① 기본적인, 기초적인 ② 잘 발달이 안된

1571	formidable	형 ① 끔찍한 ② 가공할 만한, 어마어마한
1572	hideous	형 끔찍한, 혐오스러운
1573	harsh	형 거친, 가혹한
1574	frantic	형 ① 제정신이 아닌, 미친 듯한 ② 굉장한, 지독한
1575	desperate	형 ① 자포자기한, 절망적인 ② 필사적인
1576	frigid	형 ① 추운, 혹한의 ② 냉담한
1577	hazardous	형 위험한
1578	jeopardy	명 위험
1579	fatal	형 ① 치명적인 ② 운명의
1580	lethal	형 치사의, 치명적인

1581	forsake	통 버리다
1582	squander	통 낭비하다, 함부로 쓰다
1583	refrain	통 삼가다, 자제하다 (from)
1584	blurred	형 흐린, 선명하지 않은
1585	blunt	형 ① 무딘, 뭉툭한 ② 직설적인, 퉁명스러운 통 무디게 하다
1586	steep	형 가파른
1587	fraud	명 사기(꾼)
1588	hypocrisy	명 위선, 위선적인 행위
1589	bribe	명 뇌물 통 뇌물을 주다
1590	forfeit	통 -을 몰수당하다, 잃다 명 벌금

1591	kidnap	통 납치하다, 유괴하다
1592	plight	명 곤경
1593	deadlock	명 교착 상태, 막다른 골목
1594	aftermath	명 결과, 여파
1595	vengeance	명 복수, 앙갚음
1596	intertwine	통 ① 뒤얽다, 엮다 ② 밀접하게 관련되다
1597	interdependent	형 상호 의존적인
1598	irreplaceable	형 대체[대신]할 수 없는
1599	distill	통 증류하다, 증류되다
1600	drain	통 ① (물을) 빼내다, 배수하다 ② 비우다 ③ 고갈시키다

1601	emulate	图 ① 모방하다 ② 겨루다, 필적하다
1602	mimic	图 흉내 내다, -을 모방하다
1603	plagiarize	图 표절하다
1604	camouflage	图 위장 图 위장하다, 감추다
1605	fabricate	图 ① 만들다 ② 조작하다, 위조하다
1606	artificial	图 ① 인공의, 인위적인 ② 거짓된, 꾸민
1607	spurious	图 가짜의, 위조의
1608	industrious	图 근면한, 부지런한
1609	courteous	图 예의 바른
1610	compliant	图 순응하는, 따르는

1611	pliable	혭 ① 유연한 ② 순응적인
1612	foolproof	혭 ① 실패할[잘못될] 염려가 없는 ② 누구나 다룰 수 있는
1613	fledgling	혭 풋내기의, 미숙한 몡 애송이
1614	clumsy	혭 ① 서투른, 어설픈 ② 다루기 힘든
1615	arbitrary	혭 ① 임의적인, 제멋대로인 ② 일방적인, 독단적인
1616	pompous	혭 거만한
1617	frivolous	혭 ① 경솔한, 까부는 ② 시시한
1618	urgent	혭 긴급한, 시급한
1619	imperative	혭 ① 필수적인 ② 명령적인
1620	crucial	혭 ① 결정적인 ② 중요한

1621	decisive	형 결정적인, 확정적인
1622	profitable	형 수익성이 있는, 유익한
1623	instrumental	형 ① 도움이 되는, 중요한 ② 악기의
1624	pivotal	형 중심(축)이 되는, 중요한
1625	momentous	형 중대한, 중요한
1626	monumental	형 ① 기념비적인 ② 엄청난, 대단한
1627	negligible	형 무시해도 좋은, 하찮은
1628	marginal	형 ① 가장자리의, 중요하지 않은 ② 한계의
1629	tedious	형 지루한
1630	soothe	동 진정시키다, 위로하다

1631	mitigate	통 누그러뜨리다, 진정시키다
1632	pacify	통 진정시키다, 평화를 가져오다
1633	plague	명 전염병 통 괴롭히다
1634	menace	통 위협하다, 협박하다 명 위협, 협박
1635	recall	통 ① 다시 부르다, 소환하다 ② 회상하다 명 ① 소환, 회수 ② 회상
1636	suggestive	형 ① 암시적인, 연상시키는 ② 외설적인
1637	onset	명 ① 시작, 착수 ② 습격, 공격 ③ 발병
1638	setback	명 ① 방해 ② 실패, 차질 ③ 역행
1639	candid	형 솔직한, 노골적인
1640	expiable	형 보상할 수 있는, 속죄할 수 있는

1641	figurative	혱 비유적인, 상징적인
1642	categorical	혱 ① 범주의, 범주에 속하는 ② 절대적인, 단정적인
1643	condense	통 농축시키다, 응축시키다
1644	coverage	몡 ① 보도[방송] ② 범위 ③ 보급(률)
1645	grind	통 ① 갈다, 빻다 ② 문지르다
1646	imaginative	혱 상상력이 풍부한, 상상하기 좋아하는
1647	immortal	혱 죽지 않는, 불멸의, 불변의
1648	investigate	통 조사하다, 연구하다
1649	occupation	몡 ① 직업 ② 점유, 점령
1650	potable	혱 마셔도 되는

Day 34

1651	**responsive**	형 즉각 반응하는, 민감한
1652	**instantaneous**	형 즉각적인
1653	**inclined**	형 ① -할 마음이 있는 ② -하는 경향이 있는
1654	**liable**	형 ① 책임이 있는 ② -하기 쉬운, -하는 경향이 있는
1655	**prone**	형 -하기 쉬운, 경향이 있는
1656	**lament**	동 한탄하다, 슬퍼하다, 애도하다
1657	**yearn**	동 그리워하다, 갈망하다
1658	**peculiar**	형 ① 독특한 ② 이상한
1659	**bizarre**	형 기이한, 특이한
1660	**cryptic**	형 숨은, 비밀의, 수수께끼의

1661	improbable	휑 ① 사실 같지 않은 ② 희한한, 별난
1662	outrageous	휑 ① 터무니없는, 도가 지나친 ② 포악한
1663	illegible	휑 읽기 어려운, 판독하기 어려운
1664	opposite	휑 ① 마주보고 있는, 맞은편의 ② 정반대의 명 정반대의 일[사람, 말]
1665	friction	명 ① 마찰 ② 갈등, 불화
1666	feasible	휑 실행할 수 있는, 실행 가능한
1667	practical	휑 ① 현실적인 ② 실용적인
1668	plausible	휑 그럴듯한, 그럴싸한
1669	rational	휑 합리적인, 이성적인
1670	shiver	통 떨다, 전율하다

1671	**tremble**	통 떨다, 흔들리다
1672	**vacillate**	통 흔들리다, 머뭇거리다
1673	**reckon**	통 ① 세다, 계산하다 ② 생각하다, 간주하다
1674	**utilize**	통 이용하다, 활용하다
1675	**yield**	통 ① 산출[생산]하다 ② 양도[양보]하다 ③ 항복[굴복]하다
1676	**represent**	통 ① 대표하다 ② 표현하다, 나타내다
1677	**procure**	통 구하다, 획득하다
1678	**salvage**	통 구조하다, 구출하다
1679	**bestow**	통 주다, 수여하다
1680	**entrust**	통 위임하다, 맡기다

1681	streamline	동 ① 효율화하다, 간소화하다 ② 유선형으로 하다
1682	succinct	형 간결한, 간명한
1683	suitable	형 적합한, 적절한
1684	tame	형 길들여진 동 길들이다
1685	contemplate	동 심사숙고하다, 고려하다
1686	tolerate	동 참다, 견디다
1687	lenient	형 관대한, 너그러운
1688	tranquil	형 고요한, 평온한
1689	serene	형 조용한, 평온한
1690	affectionate	형 다정한, 애정 어린

1691	aesthetic	형 심미적인 명 미학
1692	prototype	명 원형, 본보기
1693	celebrity	명 유명 인사, 명성
1694	fanatic	형 광신적인, 열광적인 명 광신자, 열광자
1695	oval	명 타원형 형 타원형의
1696	overwhelming	형 압도적인
1697	poise	명 침착 동 자세를 취하다, 유지하다
1698	verbal	형 언어의, 구두의
1699	regular	형 ① 규칙적인 ② 정기적인
1700	reliable	형 믿을 수 있는, 의지할 수 있는

1701	sturdy	형 튼튼한, 견고한
1702	robust	형 건장한, 튼튼한
1703	debunk	동 드러내다, 폭로하다
1704	unveil	동 밝히다, 폭로하다
1705	laudable	형 칭찬[감탄]할 만한
1706	venerable	형 존경할 만한
1707	apparent	형 ① 명백한 ② 외견상의
1708	overt	형 공공연한, 명백한
1709	plain	형 ① 분명한 ② 솔직한, 있는 그대로의 명 평원, 평지
1710	opaque	형 불투명한, 불분명한

1711	flimsy	웹 부서지기 쉬운, 약한
1712	feeble	웹 약한, 연약한
1713	delicate	웹 ① 연약한 ② 민감한 ③ 섬세한
1714	infirm	웹 병약한, 노쇠한 웹 병약자
1715	faint	통 기절하다, 실신하다 웹 희미한, 어렴풋한
1716	vulnerable	웹 상처받기 쉬운, 취약한
1717	debilitate	통 쇠약하게 하다, 약화시키다
1718	wither	통 ① (식물이) 시들다, 말라죽다 ② (색·소리·용모가) 약해지다, 시들어가다
1719	languish	통 ① 약해지다 ② 괴로워하다
1720	dismal	웹 우울한, 울적하게 하는, 음산한

1721	lethargic	혱 무기력한, 둔감한
1722	weary	혱 ① 피로한, 지친 ② 싫증난
1723	lax	혱 느슨한
1724	exoteric	혱 ① 대중적인, 개방적인 ② 외적인
1725	glimpse	혱 ① 잠깐[언뜻] 봄, 일별 ② 짧은 경험
1726	gauge	통 판단하다, 측정하다 혱 치수, 기준
1727	remarkable	혱 놀라운, 주목할 만한
1728	tackle	통 다루다 혱 태클
1729	hamper	통 방해하다
1730	strand	통 좌초시키다, 오도 가도 못하게 하다 혱 가닥

1731	astray	혱 길을 잃은 튀 길을 잘못 들어, 못된 길에 빠져
1732	scorn	몡 경멸 통 경멸하다, 비웃다
1733	mesmerize	통 매혹하다, 매혹시키다
1734	shield	통 보호하다 몡 ① 방패 ② 보호물
1735	spectacular	혱 장관을 이루는, 극적인 몡 화려한 쇼
1736	spontaneous	혱 자발적인, 자연발생적인
1737	terrestrial	혱 지구(상)의, 육지의
1738	vigilance	몡 경계
1739	virtue	몡 ① 덕, 미덕 ② 장점 ③ 순결
1740	radiate	통 ① (빛·열을) 발하다, 방사하다 ② (사방으로) 퍼지다

1741	spur	명 ① 박차 ② 자극 통 ① 박차를 가하다 　② 자극하다, 격려하다
1742	trigger	명 ① 방아쇠 ② 계기, 발단 통 ① 방아쇠를 당기다 　② 촉발시키다, 유발하다
1743	blast	통 폭파하다 명 ① 폭발 ② 돌풍, 폭풍
1744	catalyst	명 ① 기폭제, 촉매 ② 자극, 장려
1745	stagnant	형 고여 있는, 침체해 있는
1746	stubborn	형 고집 센, 완고한
1747	elastic	형 탄력 있는, 유연한
1748	capricious	형 변덕스러운
1749	volatile	형 휘발성의, 변덕스러운
1750	whimsical	형 ① 변덕스러운 　② 엉뚱한, 기발한

1751	atrocious	휑 극악무도한, 끔찍한
1752	flagrant	휑 ① 극악무도한, 악명 높은 ② 노골적인, 명백한
1753	heinous	휑 극악무도한, 악랄한
1754	nefarious	휑 극악무도한, 사악한, 범죄의, 비도덕적인
1755	sinister	휑 ① 사악한, 해로운 ② 불길한
1756	vicious	휑 사악한, 잔인한, 악의의
1757	relentless	휑 ① 잔인한, 가차 없는 ② 수그러들지 않는
1758	virulent	휑 ① 악성의, 치명적인 ② 신랄한, 증오에 찬
1759	deleterious	휑 유해한
1760	poignant	휑 정곡을 피르는, 신랄한, 통렬한

1761	trenchant	형 정곡을 찌르는, 강력한, 신랄한
1762	vehement	형 ① 격렬한, 맹렬한 ② 열정적인
1763	exalt	통 ① 승격시키다, 높이다 ② 칭찬하다
1764	recuperate	통 회복시키다, 만회하다
1765	surge	통 ① 밀어닥치다, 쇄도하다 ② 급등하다 형 ① 큰 파도 ② 쇄도 ③ 급등
1766	exponential	형 기하급수적인, 급격한
1767	contrive	통 ① 고안하다, 발명하다 ② (나쁜 일을) 꾸미다
1768	forge	통 ① 만들다, 구축하다 ② 위조하다
1769	refurbish	통 새로 꾸미다, 재단장하다
1770	irascible	형 화를 잘 내는

1771	intractable	휑 아주 다루기 힘든
1772	haphazard	휑 무계획적인, 되는 대로의
1773	fickle	휑 변덕스러운, 변화가 심한
1774	malleable	휑 ① 펴 늘일 수 있는, 유연한 ② 영향을 잘 받는, 융통성 있는
1775	supple	휑 유연한, 탄력있는
1776	tacit	휑 암묵적인, 무언의
1777	taciturn	휑 말수가 적은
1778	reticent	휑 ① 말이 없는 ② 삼가는, 조심하는
1779	laconic	휑 ① 말수가 적은 ② 간결한
1780	terse	휑 간결한

1781	dormant	형 잠자는, 잠재하는
1782	nocturnal	형 밤에 활동하는, 야행성의
1783	scanty	형 부족한, 빈약한
1784	dearth	명 부족, 결핍
1785	paucity	명 ① 부족, 결핍 ② 소량
1786	brisk	형 활달한, 활기 있는
1787	galvanize	통 활기를 돋우다, 자극해서 -를 하게 하다
1788	juvenile	형 ① 청소년의 ② 젊은 ③ 유치한
1789	rejuvenate	통 활기를 되찾게 하다
1790	jubilant	형 의기양양한, 기쁜

1791	**affirmative**	혱 긍정적인, 단정적인
1792	**sanguine**	혱 낙관적인, 자신감이 넘치는
1793	**fervent**	혱 열렬한, 열광적인
1794	**exuberant**	혱 ① 열광적인 ② 풍부한
1795	**zealot**	몡 열광자
1796	**allay**	동 가라앉히다, 경감시키다
1797	**mollify**	동 누그러지게 하다, 진정시키다
1798	**chuckle**	동 낄낄 웃다 몡 낄낄 웃음
1799	**euphoria**	몡 행복감, 쾌감
1800	**philanthropist**	몡 자선가, 박애주의자

Day 37

1801	arid	휑 ① 마른, 불모의 ② 무미건조한, 재미없는
1802	banal	휑 진부한
1803	humdrum	휑 지루한
1804	tenuous	휑 ① 얇고 가는, 미약한 ② 시시한, 보잘것없는
1805	stale	휑 신선하지 않은, 퀴퀴한, 진부한
1806	nonchalant	휑 태연한, 무관심한
1807	inertia	몡 ① 관성, 타성 ② 활발하지 못함
1808	sullen	휑 ① 뚱한, 시무룩한 ② (날씨가) 음침한
1809	sluggish	휑 느린, 둔한
1810	tardy	휑 느린, 지체된

1811	recapitulate	동 요약하다
1812	precis	명 요약, 개략
1813	gist	명 요지, 요점
1814	orthodox	형 정통의, 전통적인
1815	quintessential	형 ① 정수의, 본질적인 ② 전형적인
1816	perforate	동 뚫다, 관통하다
1817	omniscient	형 전지의, 모든 것을 다 아는
1818	clairvoyant	형 천리안을 가진, 통찰력이 있는
1819	panacea	명 만병통치약, 해결책
1820	savvy	명 지식, 요령 형 요령이 있는

1821	tamper	동 ① 간섭하다 ② 함부로 변경하다, 위조하다
1822	thwart	동 방해하다
1823	pushy	형 지나치게 밀어붙이는
1824	hectic	형 분주한, 정신이 없는
1825	heedless	형 부주의한
1826	portent	명 조짐, 전조
1827	threshold	명 ① 입구, 문지방 ② 출발점, 발단
1828	nascent	형 발생하려고 하는, 초기[발생기]의
1829	vanguard	명 선구자, 선두, 선봉(부대)
1830	harbinger	명 ① 선구자 ② 전조

1831	**protagonist**	몡 ① 주연, 주인공 ② 주창자, 지도자
1832	**plucky**	몡 용기 있는, 결단력 있는
1833	**strenuous**	몡 ① 불굴의, 완강한, 열심인 ② 몹시 힘든, 격렬한
1834	**unflinching**	몡 불굴의, 단호한, 위축되지 않는
1835	**valiant**	몡 용맹한, 단호한
1836	**capitulate**	통 항복하다, 굴복하다
1837	**servile**	몡 굽실거리는, 비굴한
1838	**irretrievable**	몡 돌이킬 수 없는, 회복할 수 없는
1839	**heresy**	몡 이단
1840	**calamity**	몡 재난, 재앙

1841	catastrophe	몡 큰 재해, 재난
1842	philistine	몡 교양 없는 사람, 속물
1843	quarantine	몡 격리 퉁 격리하다
1844	polarize	퉁 양극화되다, 양극화시키다
1845	bigotry	몡 편협함
1846	convoluted	혱 복잡한, 뒤엉킨
1847	cramped	혱 답답한, 비좁은
1848	custody	몡 ① 양육(권), 보호(권) ② 구류, 감금
1849	exhort	퉁 ① 열심히 권하다 ② 훈계하다, 타이르다, 충고하다
1850	hortatory	혱 ① 충고의 ② 격려의

1851	facetious	혱 ① 경박한, 까부는 ② 우스운, 유머스한
1852	flippant	혱 ① 경솔한 ② 건방진, 무례한
1853	haughty	혱 오만한, 건방진
1854	officious	혱 ① 참견하기 좋아하는 ② 거만한
1855	presumptuous	혱 주제넘은, 건방진
1856	ostentatious	혱 허세 부리는, 과시하는
1857	audacity	혱 대담함, 무모함, 뻔뻔스러움
1858	unabashed	혱 뻔뻔한, 무표정한
1859	avaricious	혱 탐욕스러운
1860	covetous	혱 탐욕스러운, 욕심 많은

1861	ascetic	형 금욕적인 명 금욕주의자
1862	sumptuous	형 고가의, 호화로운
1863	lavish	형 ① 풍부한, 호화로운 ② 사치스러운
1864	opulent	형 풍부한, 호화로운
1865	copious	형 많은, 풍부한
1866	hefty	형 ① 장대한, 크고 무거운 ② 많은 ③ 센, 강한
1867	repudiate	동 ① 부인하다 ② 거부하다, 물리치다
1868	sanction	동 ① 승인하다 ② 제재하다 명 ① 인가 ② 제재
1869	ratify	동 비준하다
1870	stipulate	동 ① 규정하다, 명기하다 ② 계약하다

1871	savor	통 맛보다, 음미하다 명 맛
1872	palatable	형 맛있는, 구미에 맞는
1873	fragrant	형 향기로운
1874	ferment	통 발효시키다 명 효모, 발효
1875	smother	통 질식시키다, 숨 막히게 하다
1876	excruciate	통 몹시 괴롭히다, 고문하다
1877	incense	통 몹시 화나게 하다
1878	censure	통 비난하다 명 비난
1879	rebuke	명 비난 통 비난하다
1880	mock	통 조롱하다, 놀리다

1881	sardonic	형 냉소적인, 비웃는
1882	pejorative	형 ① 경멸적인, 비난 투의 ② 악화시키는
1883	vilify	동 중상하다, 비방하다
1884	libel	동 명예를 훼손하다, 비방하다 명 명예훼손
1885	litigant	명 고소인, 소송 당사자
1886	embezzle	동 유용하다, 횡령하다
1887	stigma	형 ① 오명, 낙인 ② 증후
1888	strife	명 갈등, 다툼
1889	polemic	명 논쟁, 논박
1890	crooked	형 ① 비뚤어진, 구부러진 ② 부정직한

1891	cunning	휑 ① 약삭빠른, 교활한 ② 정교한, 기묘한
1892	avow	튐 ① 인정하다, 공언하다 ② 맹세하다
1893	acquit	튐 ① 무죄라고 하다, 석방하다 ② 혐의를 벗겨주다, 면제하다
1894	promulgate	튐 ① 공표하다 ② 보급하다
1895	efficacy	휑 효력
1896	apex	휑 꼭대기, 정점
1897	apogee	휑 정점, 절정
1898	pinnacle	휑 정상, 절정
1899	nadir	휑 최하점, 최저점
1900	cajole	튐 ① 부추기다 ② 속이다

1901	cozen	통 속이다, 기만하다
1902	swindle	통 사취하다, 속이다
1903	feign	통 -인 체하다
1904	lure	통 꾀다, 유혹하다
1905	skew	통 ① 왜곡하다 ② 비스듬히 움직이다
1906	tilt	통 기울이다, 경사지게 하다
1907	estrange	통 이간질하다, 서먹하게 만들다
1908	smuggle	통 밀수하다, 밀수입[수출]하다
1909	lurk	통 ① 숨어 있다, 잠복하다 ② 도사리다, 잠재하다
1910	furtive	형 몰래하는, 은밀한

1911	clandestine	형 비밀의, 은밀한
1912	fugitive	명 도망자, 탈주자 형 도망한, 탈주한
1913	gullible	형 속기 쉬운
1914	treacherous	형 ① 기만적인, 신뢰할 수 없는 ② 위험한
1915	turmoil	명 혼란, 동요
1916	enigma	명 수수께끼, 불가해한 것
1917	bulging	형 불룩한, 튀어 나온
1918	salient	형 눈에 띄는, 두드러진
1919	emboss	동 도드라지게 새기다
1920	rampant	형 만연하는, 유행하는

1921	ubiquitous	휑 도처에 존재하는, 편재하는
1922	vicinity	휑 근접, 인접
1923	sporadic	휑 산발적인, 이따금 발생하는
1924	falter	통 비틀거리다, 불안정해지다, 흔들리다
1925	stagger	통 ① 비틀거리다, 흔들리다 ② 깜짝 놀라게 하다
1926	precarious	휑 ① 불안정한, 위험한, 위태로운 ② 불확실한, 미정의
1927	brittle	휑 ① 잘 부러지는 ② 불안정한
1928	nomadic	휑 유목의, 방랑의
1929	itinerant	휑 떠돌아다니는, 순회하는
1930	hover	통 머물다, 맴돌다

1931	forage	통 먹이를 찾다, -을 찾다 명 사료
1932	ransack	통 ① 뒤지다 ② 빼앗다
1933	rummage	통 샅샅이 뒤지다 명 뒤지기
1934	scrutinize	통 세심히 살피다, 면밀히 조사하다
1935	remnant	명 나머지, 잔여
1936	peripheral	형 주변적인, 지엽적인
1937	ancillary	형 보조적인, 부수적인
1938	annex	통 ① 합병하다 ② 추가하다 명 부가물, (건물의) 별관
1939	celestial	형 하늘의, 천체의
1940	hallow	통 신성하게 하다

1941	diaphanous	휑 투명한, 비치는
1942	conscientious	휑 양심적인, 성실한
1943	commiserate	통 동정하다, 가엾게 여기다
1944	solace	뗑 위로, 위안 통 위로하다
1945	cordial	휑 진심의, 다정한
1946	foible	뗑 결점, 약점
1947	grudge	뗑 원한, 유감 통 ① 억울해하다, 아까워하다 ② 시기하다
1948	gnarl	통 비틀다 뗑 마디
1949	dilettante	뗑 아마추어 애호가, 호사가
1950	blatant	휑 노골적인, 뻔뻔한, 야한

Day 40

1951	rebellious	웹 반항적인, 반란하는
1952	animosity	圆 반감, 적대감
1953	backlash	圆 반발
1954	ramification	圆 파문, 영향
1955	repercussion	圆 영향, 반향
1956	unquenchable	웹 억제할 수 없는, 억누를 수 없는
1957	bout	圆 한바탕, 한차례, 시합
1958	genocide	圆 대량살상, 집단학살
1959	havoc	圆 대파괴, 큰 혼란
1960	predicament	圆 곤경, 궁지

1961	enjoin	통 ① 명하다 ② 금지하다
1962	recant	통 철회하다, 취소하다
1963	foment	통 조장하다, 선동하다
1964	encroach	통 침해하다, 침략[잠식]하다
1965	adulterate	통 ① (불순물 따위를) 섞다 ② 질을 떨어뜨리다
1966	tarnish	통 ① 녹슬다, 흐려지다 ② (평판을) 손상시키다, 더럽히다
1967	nebulous	형 흐릿한, 모호한
1968	baffle	통 당황하게 하다
1969	exacerbate	통 악화시키다
1970	skim	통 ① (액체 위 기름을) 걷어내다 ② 스치듯 지나가다 ③ 훑어보다

1971	**perspicuous**	혱 (언어·문체 등이) 명쾌한, 명료한
1972	**unerring**	혱 틀림없는, 항상 정확한
1973	**stark**	혱 ① 삭막한, 냉혹한 ② 있는 그대로의, 적나라한 ③ 완전한, 뚜렷한
1974	**seamlessly**	뢰 이음매가 없이, 균일하게
1975	**felicitous**	혱 적절한
1976	**viable**	혱 실행 가능한, 성공할 수 있는
1977	**underpin**	됨 뒷받침하다, 보강하다, 지지하다
1978	**bleak**	혱 암울한, 황량한
1979	**somber**	혱 (=sombre) ① 침울한, 우울한, 엄숙한 ② 흐린, 어두컴컴한
1980	**garrulous**	혱 수다스러운, 시끄러운

1981	raucous	휑 소란스러운, 귀에 거슬리는
1982	harness	통 이용하다 명 마구
1983	coalesce	통 연합하다, 합병하다
1984	muster	통 모으다, 동원하다 명 소집, 집결
1985	saturate	통 ① 흠뻑 적시다 ② 포화시키다, 과잉 공급하다
1986	barter	통 물물교환하다, 교역하다 명 물물교환, 교환물
1987	enumerate	통 열거하다, 낱낱이 세다
1988	codify	통 성문화하다, (체계적으로) 정리하다
1989	fortuitous	휑 우연한
1990	semantic	휑 의미의

1991	pristine	형 ① 완전 새 것 같은, 아주 깨끗한 ② 자연 그대로의, 오염되지 않은
1992	homogeneous	형 동종의, 동질의
1993	facade	명 정면, 표면
1994	hyperbole	명 과장(법)
1995	indispose	동 ① -할 마음을 잃게 하다 ② 부적당하게 하다 ③ 병이 나게 하다
1996	idiosyncratic	형 특이한
1997	sap	명 수액 동 약화시키다
1998	wane	동 적어지다, 약해지다
1999	abate	동 덜다, 줄이다
2000	euthanasia	명 안락사

Staff

Writer	심우철
Director	김지훈
Researcher	노윤기 / 정규리
Assistant	정서율
Design	강현구
Manufacture	김승훈
Marketing	유주심 / 윤대규 / 한은지

내용문의 http://cafe.naver.com/shimson2000